et M[illegible]GNEL

MAINTENANT, RÉJOUISSEZ-VOUS !

FIRST
Editions

ISBN : 978-2-7540-6053-0
Dépôt légal : juin 2014
Imprimé en France
par CPI Firmin Didot (122970)

Direction éditoriale : Marie-Anne Jost-Kotik
Édition : Charlène Guinoiseau
Relecture : Solange Cousin
Mise en page : Sophie Boscardin
Couverture : Hokus Pokus
Production : Emmanuelle Clément

Éditions First, un département d'Édi8
12 avenue d'Italie
75013 Paris – France
Tél. : 01 44 16 09 00
Fax : 01 44 16 09 01
E-mail : firstinfo@efirst.com
Internet : www.editionsfirst.fr

Préface

Souvent les stagiaires de l'École du rire et du bonheur me trouvent anormalement libre ou rebelle. Ils semblent envier ma gaîté comme si j'avais un pouvoir qu'ils n'ont pas. Ils se demandent d'où vient cette facilité à la légèreté et à la joie, pourquoi cela est apparemment si évident et simple pour moi alors que c'est sujet à réflexion pour eux. Ils concluent rapidement que ma vie est plus douce que la leur, mon mari plus aimant, mes enfants plus drôles, mon métier plus fascinant et que toutes ces circonstances extérieures sont l'explication à ma joie de vivre. Certains se disent aussi que je suis sans doute un peu simplette ou totalement superficielle.

J'ai toujours considéré comme une chance absolue le fait d'avoir été en mort clinique à vingt-huit ans et d'avoir eu l'opportunité exceptionnelle de vivre une deuxième vie que j'ai pu modeler en toute liberté selon mes goûts, en lui donnant le sens et la direction que je souhaitais. Je partage cette légèreté avec ceux que cette expérience allège de la peur de mourir et autorise, du coup, à savourer chaque seconde de leur vie en pleine conscience, avec tout ce que cela a de merveilleux.

C'est seulement en devenant follement amoureuse que j'ai accepté pleinement cette seconde naissance et décidé que, *puisque je suis vivante, je choisis la joie de vivre !* J'ai très vite compris que si je ne voulais pas que cette énergie fraîche et lumineuse s'étiole rapidement, il fallait que je la partage avec le plus grand nombre, d'où la création de l'école. Ce qui tombe bien car, rendre les autres heureux, nous rend heureux par ricochet.

L'humoriste juif américain Lenny Ravich aime à rappeler que nous sommes tous les incroyables gagnants de la course aux spermatozoïdes de notre conception. L'adaptation hédonique[1] fait que nous avons tendance à très vite cesser de nous émerveiller. Il faut donc s'entraîner avec soin à raviver la flamme pour ne pas sombrer dans la banalité.

Si vous avez un peu voyagé, notamment dans des pays bien moins lotis que le nôtre sur le plan matériel, alors vous savez que la joie n'a pas grand-chose à voir avec nos conditions de vie et que des peuples démunis peuvent être gais, sourire et rire bien plus que des Parisiens stressés.

1. L'adaptation hédonique ou « habituation » est le processus qui atténue progressivement et inexorablement notre impression de bonheur face à l'événement qui l'a déclenchée.

C'est que la joie vient du plus profond de notre cœur, de nos tripes où elle côtoie nos ombres les plus denses, parfois dans une promiscuité déroutante. Souvent étouffée par nos démons, elle sait aussi prendre le dessus et triompher des pires adversités.

Nous ne sommes pas égaux face à la joie. Notre culture, notre histoire familiale et même notre patrimoine génétique nous y prédisposent plus ou moins. Au départ. Mais une fois adulte, nous avons tous le pouvoir de « faire le choix de la joie ». Pour certains, cela demande plus de ténacité. Mais à tout moment, grâce à notre merveilleuse plasticité cérébrale, le sillon de la joie peut se creuser de plus en plus profondément jusqu'à effacer les anciennes routes de l'anxiété, du pessimisme, des ruminations négatives ou du « râlage » systématique.

Choisir la joie, c'est décider de vivre à 100 % parce que nous n'avons aucune raison de vivre au rabais ! La plénitude passe par le choix de la joie et de l'enthousiasme.

Pour véritablement se réjouir, nulle autre solution que de se conjuguer au présent. Si l'on traîne tous ses malheurs passés et toutes ses angoisses de l'avenir, il devient tout simplement impossible de se réjouir. Cela est trop pesant, trop déprimant, trop épuisant. Se réjouir demande de l'espace en soi, de la légèreté, une acceptation pleine de la vie et de tout ce qu'elle peut offrir. Un lâcher-prise de l'angoisse existentielle pour vivre authentiquement. Une simplification permettant de privilégier l'essentiel afin de (ré) apprendre à déceler les infinies occasions quotidiennes de se réjouir !

C'est ce que vous proposent Martine Medjber-Leignel et Joëlle Cuvilliez, toutes deux passées joyeusement par l'École du rire et du bonheur, dans cet ouvrage concret vous permettant, vous aussi, de cultiver la joie dès à présent et jour après jour.

Voici quelques-unes des pistes que vous trouverez dans cet ouvrage : sourire, rire, respirer, jouer, s'émerveiller, s'enthousiasmer, danser, chanter, ralentir, méditer, pardonner, être plus gentil, gérer ses émotions, écouter les besoins de son corps, son intuition, croire en soi, oser, découvrir ses talents et ses forces, s'ouvrir, s'épanouir, célébrer la vie, partager, aimer et se réjouir pour autrui…

À vous de les tester, les savourer, les sélectionner et garder celles qui embellissent votre vie et stimulent votre jubilation. Car la joie possède entre autres vertus le pouvoir de nous rendre meilleurs, plus aimants et en bonne santé.

Et ne pensez surtout pas que vous occuper de votre joie fait de vous un égoïste, car rien n'est plus contagieux qu'une émotion. Votre joie illumine le monde et donne la permission aux autres d'être joyeux. Elle est une célébration de la vie, un véritable acte d'amour !

La joie est si simple finalement, faites-lui de la place en vous, débarrassez-vous de tout ce qui vous empêche d'être pleinement présent à l'émerveillement de la vie ici et maintenant. Ouvrez votre cœur et laissez-la monter des profondeurs de votre être pour rayonner en une illumination inévitablement contagieuse. Maintenant !

Corinne Cosseron
fondatrice de l'École internationale du rire et du bonheur
Frontignan, avril 2014.

Dédicace de Joëlle

À tous ceux qui se lèvent le matin le sourire aux lèvres,
heureux à la perspective de colorer la journée qui naît
aux couleurs de l'arc-en-ciel.
À mon amie Françoise Christmann, qui m'écoute, m'encourage
et m'insuffle la confiance depuis des années.

Dédicace de Martine

Pour celles et ceux, porteurs de joie qui ont croisé mon chemin,
ce livre est aussi le leur.
Pour Anne Libot, pour ta tendre, puissante
et pétillante amitié… 35 ans, déjà !

Sommaire

Préambule

Imaginez !

Un monde où la joie, le rire, la légèreté et l'insouciance domineraient…

Imaginez !

Une journée ponctuée de sentiments tendres, de paroles bienveillantes, de sourires et de pensées tranquilles.

Imaginez !

Une vie de réjouissances comme autant d'actes de résistance qui conduiraient à la paix.

Imaginez qu'aujourd'hui, vous décidiez de mettre en place une révolution intérieure dont la contagion inévitable se ferait dans la douceur.

Imaginez !

Qu'il suffise de commencer par observer que le verre est forcément à moitié plein.

Imaginez et…

Savourez !

INTRODUCTION

Hawa Camara, cofondatrice de l'Association des femmes maliennes de Montreuil, nous interpelle : *Mais pourquoi tu cours pour « avoir » le métro ? Le prochain arrive dans deux minutes...*

Les hommes ont inventé le temps pour quantifier leur passage sur terre. Mais à l'échelle de l'univers, le temps humain est dérisoire. Et une longue vie, à ce jeu de la relativité, *n'est rien de plus qu'une bouteille d'eau gazeuse que l'on débouche, qui fait pschitt, et c'est fini,* comme aime le répéter à ses patients le psychiatre Étienne Jalenques qui a créé la Dynamique émotionnelle exprimée[2]. Toute la question est de savoir quel parfum mettre dans ce pschitt.

---

2. Partant du principe que la plupart de nos souffrances et de nos problématiques profondes s'accompagnent de perturbations de nos émotions, la Dynamique émotionnelle exprimée propose de revitaliser notre sphère émotionnelle afin de faire circuler en nous « cette sève » de notre vie psychique, rendre à nouveau vivant, mobile et évolutif notre univers intérieur, apprendre à gérer les tensions internes et positiver notre rapport au monde avec plus d'harmonie, de vitalité et de joie de vivre.

Cessons de courir, partons à point, savourons ce qui en vaut vraiment la peine et sachons faire le point : où en sommes-nous avec le plaisir, l'enthousiasme, l'émerveillement et la joie ? Pour ressentir nos émotions positives, il est important de ralentir. Nos sensations nous renseignent à propos de ce qu'il convient de faire : la fatigue m'indique qu'il est temps que je me repose, la joie en ta présence que je dois te revoir et, par la même occasion, que je dois m'éloigner de ceux et celles qui me dévitalisent. Il est important de se poser les bonnes questions. Perdre ou gagner, est-ce vraiment cela qui est important ? N'est-ce pas plutôt savourer l'existence ? Apprendre à dire oui à ce qui en vaut la peine, à la vie, précieux cadeau qui nous a été transmis (et pensez aux nombreuses personnes qui ont pris soin de vous pour que vous soyez là aujourd'hui…), à la joie, qui fait partie de notre nature profonde, aux blagues, aux mots d'esprit, aux taquineries des autres : ils nous dérident ; la tendresse des enfants, à leurs rires et à leur innocence qui nous rendent meilleurs ; à l'espièglerie des animaux et à leur affection indéfectible ; à ceux qui osent affirmer leur intégrité, ils nous donnent l'audace d'être nous-mêmes ; aux poètes, aux musiciens, aux peintres, à tous ceux qui vont plus loin que ce qui est connu et admis, aux artisans qui, machette en main, tracent une route sans savoir où elle les conduira ; à tous ceux, grands ou petits, qui savent s'émerveiller : ils n'ont aucune idée du cadeau qu'ils nous font ; à l'enthousiasme, puissant moteur et merveilleux allié de vie, aux rencontres qui font la magie d'être au monde.

Enfin, il est temps d'agir. Car la joie est désarmante, au propre comme au figuré. L'effort, la rigueur, la discipline et l'enthousiasme au service d'un bel objectif sont toujours sources de joie.

Agir, c'est choisir : choisir de refuser l'impact d'images qui nous montrent à voir ce qu'il y a d'affreux dans le monde, de s'intéresser aux bonnes nouvelles, aux belles idées, de profiter de l'art dans toutes ces facettes, d'écouter des personnes qui vous tirent vers le haut.

Agir, c'est innover. Cesser de subir. Faire fi du discours ambiant et écouter attentivement ce qui est bon pour soi, arrêter de se plaindre ou de critiquer, d'entretenir la peur pour être comme les autres, de se forcer, de faire semblant. Agir, c'est être force de proposition.

Il est grand temps de se réjouir ensemble pour le meilleur et… pour le rire, de jouer pour faire taire les ruminations. Plutôt que d'imaginer le pire, qui a peu de chance d'arriver, avouons-le, ou de supputer ce que l'autre attend ou pense de vous, mieux vaut le lui demander, lâcher prise, rêver. Les architectes que nous sommes peuvent créer un quotidien de joies et de beautés. Il suffit de (ré)apprendre à ouvrir ses sens et à donner un sens ludique à la vie.

Chacun de nous est une poussière d'étoiles. Arrêtons de nous prendre pour ce que nous ne sommes pas et brillons en paix les uns à côté des autres, dans le firmament de la vie. Nos seules limites sont celles que nous nous inventons : il ne tient qu'à nous de nager dans un bocal ou dans l'océan.

Enfin, agir, c'est se souvenir de ce qui en vaut la peine. La joie et le rire sont gratuits. Tout comme l'air, les vagues de la mer, les sentiers de campagne et les trottoirs des villes où l'on peut musarder, le nez en l'air, l'amour, la tendresse…

La joie n'est pas une simple question de mode, mais une question de nouveau mode de pensée, de vivre et d'être. De la joie au bonheur, il n'y a qu'un pas que l'ONU elle-même a franchi en 2012 en décrétant que le 20 mars serait officiellement la Journée internationale du bonheur. L'occasion pour M. Ban Ki-moon, son secrétaire général, de déclarer : *Cette première Journée internationale du bonheur nous offre l'occasion de renforcer notre détermination à promouvoir un développement humain durable et sans exclusive et à renouveler notre promesse d'aider les autres. Lorsque nous contribuons au bien commun, nous nous enrichissons nous-mêmes. La compassion apporte le bonheur, et elle nous aidera à façonner l'avenir que nous voulons.*

Les Nations unies reconnaissent ainsi que le bien-être et la joie de vivre sont non seulement des aspirations universelles, mais qu'ils représentent aujourd'hui de véritables objectifs politiques…

1.

Les différentes représentations de la joie

Le nuancier de la joie

La joie, du latin gaudia, est une émotion agréable
et profonde, ressentie par toute la conscience.
Le *Petit Robert*

Le *Petit Larousse* confirme, parlant de *sentiment de plaisir, de bonheur intense, caractérisé par sa plénitude et sa durée limitée, et éprouvé par quelqu'un dont une aspiration, un désir est satisfait ou en voie de l'être*. C'est également *ce qui provoque chez quelqu'un un sentiment de vif bonheur ou de vif plaisir – c'était une joie de les regarder – un état de satisfaction qui se manifeste par de la gaieté, de la bonne humeur.*

Selon la psychothérapeute Isabelle Filliozat, auteur de *L'intelligence du cœur*[3], la joie est une *émotion qui accompagne un moment de partage et de communion ou une réussite, un sentiment de profonde adéquation entre sa vie et ses valeurs. Elle est liée au plaisir de recevoir ou de donner, de partager et au sentiment de réalisation de soi, d'adéquation et d'appartenance*. Le philosophe Robert Misrahi[4] la définit comme *plaisir intégral du corps et de l'esprit, accompagné d'une adhésion à soi-même.*

Certes, il ne faut pas confondre joie et bonheur. Ce dernier n'est pas une émotion, mais un état d'être où la joie joue un très grand rôle, comme le relève dans *L'amour de la sagesse*[5] le poète et docteur en philosophie Bruno Giuliani : *La joie est le secret du bonheur. Le triomphe de la vie. La source de l'amour. L'unique critère de l'éthique. Le lien qui nous libère.*

La joie est par nature une émotion fugace et impermanente : nous avons délibérément choisi de l'associer tout au long de cet ouvrage à la joie de vivre, même si nous savons que ce sentiment est par nature plus pérenne. Sous notre plume, la joie devient donc tantôt une émotion, tantôt un état d'être.

---

3. Paru aux Éditions JC Lattès, Paris, 1997.
4. *L'Enthousiasme et la Joie au temps de l'exaspération*, livre d'entretien avec Marie de Solemne, Éditions Dervy, Paris, 2000.
5. Paru aux Éditions du Relié, Paris, 2008.

La joie est aussi allégresse, ravissement, plaisir, contentement, gaîté, satisfaction, jubilation – à ce propos, nous ne résistons pas au plaisir de vous faire savoir qu'en espagnol, *jubilación*, ce faux ami bien sympathique, signifie… retraite (cessation d'activités) : olé ! Sentiment universel, la joie est, depuis 1985, le thème central de l'hymne officiel de l'Union européenne, *L'hymne à la joie* – ou *Ode à la joie* – le célèbre quatrième mouvement de *La Neuvième Symphonie* de Beethoven. Le grand musicien allemand avait souhaité mettre en musique le très beau poème écrit par Schiller, en 1785, et dont voici un extrait[6] :

O Joie, divine étincelle,
Belle enfant de l'Élysée
(…)
Où ton aile se pose, légère,
Tous les hommes deviennent frères.
Enlacez-vous, millions d'êtres !
Que ce baiser aille au monde entier,
(…)
C'est la joie, le puissant ressort
Dans la nature éternelle.
La joie, la joie qui fait tourner
La grande horloge des mondes.

La joie semble être, comme le fou rire, un moment magique qui survient de façon inattendue, un moment

6. Traduction sous la direction de Jean-Pierre Lefèbvre, *Anthologie bilingue de la poésie allemande*, collection « La Pléiade », Gallimard, Paris, 1993.

de grâce qui se manifeste au détour d'un échange, d'une contemplation, d'un regard… Elle embrase l'être entier avec fougue et intensité ou, plus subtilement, elle se diffuse comme une eau bienfaitrice et rafraîchissante, se propageant dans chaque cellule en irriguant nos terres corporelles d'un contentement profond. Elle possède cette singularité de s'offrir d'elle-même comme une aubaine ou un cadeau.

La meilleure des émotions

Votre vie peut changer quand vous changerez vos actions et vos actions peuvent changer quand vous changerez votre manière de penser. Si vous ne pouvez pas réussir, vous pouvez essayer. Si vous pouvez essayer, vous pouvez réussir.

Anthony Robbins

Dans *Les passions de l'âme*, René Descartes recense six émotions simples : l'admiration, l'amour, la haine, le désir, la joie et la tristesse ; toutes les autres, selon lui, étant des dérivés de ce groupe. Le concept évoluera et la théorie des émotions de base va alors proposer sept familles d'émotions universelles (universelle en ce sens qu'une émotion imprime la même expression faciale, quelles que soient la culture ou l'origine de l'individu qui l'exprime) autour desquelles gravitent toutes les autres : la joie, la colère, le dégoût, la peur, la surprise, le mépris et la tristesse.

Notons que de ces sept émotions, seule la joie procure de la satisfaction et un sentiment de plénitude. Physiologiquement, elle se manifeste parfois de manière bruyante (éclats de rire, grandes claques sur les cuisses) et se propage dans la totalité de l'organisme (gorge, estomac, intestins, joues, etc.), de manière éphémère en procurant une sensation de bien-être total.

Et la joie, en effet, est naturelle. Elle peut relever du libre-arbitre et de la liberté absolue, elle n'emprisonne d'aucune façon, c'est un état méditatif de paix et de silence qui siège au plus intime de l'être. Soyez libres de vos choix en termes d'efforts, de quête, de persévérance. Et n'oubliez pas de développer votre capacité d'accueil et d'hospitalité.

84 % des personnes interrogées par l'institut de sondage Ipsos, à la Foire de Paris en avril 2012, ont avoué qu'elles étaient joyeuses. C'est une excellente nouvelle ! L'autre bonne nouvelle, c'est que la joie dépend aussi de l'extérieur et que des milliers d'événements peuvent nous mettre en joie, des très grands, comme la naissance d'un enfant, aux beaucoup plus petits, comme une invitation à dîner ou une gorgée d'eau fraîche après une longue marche en montagne, sans oublier la joie du chien qui vous fait la fête le soir, après votre journée de travail, la première fraise dans le jardin et, bien sûr, votre augmentation de salaire. Pensez-y les jours où le doute ou la morosité pointera le bout de son nez comme le fait Raphaël, anxieux de nature, qui raconte combien *il aime*

se souvenir à quel point il a été heureux lorsqu'il a terminé son mémoire de doctorat. En posant le point final qui ponctuait huit ans de travail, une joie incroyable s'est emparée de moi. J'avais envie de sortir dans la rue et de la crier à tous les passants. J'ai soudain eu le sentiment, la certitude, que tout allait désormais être tranquille, que je n'avais plus besoin de m'inquiéter, comme si je venais de traverser un long désert et qu'enfin, une oasis avait surgi dans mon champ de vision. L'avenir m'a prouvé que ce sentiment n'était pas une vue de l'esprit, mais bel et bien le commencement d'une autre vie…

L'être humain a une propension incontestable à créer son propre malheur. Il est pourtant, dans l'état des connaissances actuelles, le seul être vivant doté de conscience et donc parfaitement en mesure d'utiliser son libre arbitre en faveur d'actions joyeuses. Développez l'appréciation, sachez célébrer l'existence, quittez ce qui est toxique et vous rend malheureux, allez vers vous ! Vous êtes maître de votre territoire et responsable de votre floraison intérieure.

Dans les réunions de famille ou d'entreprises, au lieu de parler des absents, intéressez-vous les uns aux autres. Ne vous impatientez pas après les retardataires, mais savourez la présence de ceux qui sont à vos côtés. D'une manière générale, n'attendez plus avec fébrilité l'arrivée du train, du copain, du collègue, mais observez avec plaisir ce qui se passe dans la gare ou le bureau jusqu'à leur arrivée. Le temps d'attente sera le même, mais la différence émotionnelle sera considérable. Choisissez la sérénité plutôt que l'agacement, la contemplation plutôt que la colère. Nombreux sont ceux qui ont besoin, tel un moteur diesel, d'un temps infini pour lâcher le masque, oser la détente et la fête. Ouvrez-vous à la douce folie d'être heureux sans raison particulière. Selon notre capacité à conjuguer plaisir et sens, explique Tal Ben-Shahar, nous appartenons à l'un de ces quatre profils : *Il y a les fonceurs, dont les activités visent des bénéfices futurs mais procurent peu de plaisir ; les viveurs, pour qui le plaisir immédiat prime sur les bénéfices futurs ; les défaitistes qui ne trouvent ni plaisir ni sens dans leur mode de vie et les heureux, qui s'épanouissent dans la poursuite de bénéfices tant immédiats qu'à venir*[7].

Gare aux rabat-joie !

Celui qui chante va de la joie à la mélodie ;
celui qui entend, de la mélodie à la joie.

Rabindranath Tagore

À table, au restaurant, dans les lieux publics, exprimer sa joie fait parfois grincer des dents. Qui n'a pas un jour entendu un adulte dire à des enfants *Cessez de rire bêtement !* Rien de tel pour refréner le rire et la bonne humeur et générer des crispations, des retenues. Nous ne devrions jamais fermer les portes de l'enchantement.

7. *L'apprentissage du bonheur*, Tal Ben-Shahar, Belfond, 2008.

Un jour que nous étions allées voir une exposition sur le Waraï, l'humour dans l'art japonais de la Préhistoire au XIXe siècle à la Maison du Japon, à Paris, nous avons été prises d'un fou rire devant un tableau particulièrement drôle[8]. Le gardien de la salle est venu nous demander, le visage fermé, de bien vouloir rire moins fort. Même si nous l'avions voulu, cela aurait été impossible : notre fou rire était irrépressible et, devant le comique de la situation, c'était vraiment difficile d'arrêter : il n'y avait presque personne dans la salle, l'objet de l'exposition, c'était le rire et le gardien arborait vraiment une mine sinistre, en décalage total avec le burlesque des œuvres présentées ! Si vous laissez s'exprimer vos émotions, il est possible que cela dérange ou même qu'on vous qualifie de rebelle, car vous donnez le sentiment d'être opposé ou hors structure. À choisir parmi les sept nains, mieux vaut être Joyeux que Grincheux !

Il est également important d'éviter de culpabiliser. C'est parfois un réflexe qu'on ne maîtrise pas, un tic de langage qui peut faire de gros dégâts. Apprenons à bannir de notre vocabulaire tout ce qui commence par le très dangereux « à cause de… ». *Je pense à Micheline, à 80 ans, qui est en maison de retraite*[9]*. Elle est pratiquement aveugle et atteinte de la maladie d'Alzheimer. Dès qu'elle rate quelque chose, il y a toujours quelqu'un pour le lui faire remarquer, plus ou moins gentiment. Lorsqu'elle m'a dit qu'elle en*

8. Martine et Joëlle.
9. Martine.

était à son deuxième café, je me suis inspirée de la psychologie positive qui souligne forces et qualités et je l'ai félicitée de s'être souvenu qu'elle en avait déjà bu un. Elle a souri de soulagement et de contentement. En un instant, elle est passée de l'inquiétude à la tranquillité. Elle se sentait valorisée d'avoir été capable d'utiliser sa mémoire.

N'oublions pas de féliciter ceux qui le méritent, chaque fois que l'occasion se présente. C'est une attitude qui relève de la psychologie positive, cet outil formidable pour faire circuler la joie. La psychologie positive nous ancre dans la certitude que la vie est belle, elle développe l'optimisme, les émotions agréables, la motivation, la pleine conscience, le bonheur, etc. Elle permet d'étudier ce qui entraîne le mieux-être, de choisir les processus qui conduisent à l'épanouissement de l'autre. En voici un petit exemple : *Le 21 décembre, à tous ceux qui soupirent en déplorant que ce n'est que le premier jour de l'hiver (et qu'il fait déjà froid depuis un certain temps), j'aime bien répondre*[10] *: C'est vrai, mais à partir d'aujourd'hui, les jours allongent ! Et, à l'inverse, le 21 juin, quand on vient tristement m'annoncer que les jours raccourcissent, je rappelle que c'est le premier jour de l'été !*

La joie est une victoire sur l'ennui et sur la morosité. Certaines personnes, hélas, n'en ont pas conscience et ne supportent pas de voir les autres heureux. Une seule chose à faire en présence d'un rabat-joie : prendre ses

10. Joëlle.

jambes à son cou. *Je me souviens d'une séance de yoga du rire*[11] *– la seule heureusement – où une dame a commencé à faire les exercices comme tout le monde et puis, subitement, s'est arrêtée au milieu de la salle. Elle s'est mise à hocher la tête en regardant chacun d'un air de désapprobation totale, en disant très fort : 'N'importe quoi ! C'est vraiment n'importe quoi !' L'effet a été immédiat : certains participants se sont arrêtés de rire. Je l'ai doucement amenée dans un coin de la salle et je l'ai invitée à partir. Elle a accepté en précisant : 'Je vous avais prévenue en arrivant que je ne rirai pas !'*

Plus pernicieusement, il y a aussi les personnes qui se présentent comme des victimes. Leur objectif est souvent inconscient : se plaindre, formuler que l'on est malheureux, permet généralement d'obtenir de l'écoute et de l'empathie de son entourage. Peut-être pouvons-nous leur suggérer de ne pas renoncer à la joie ou d'apprendre à être heureux. Si une personne de votre entourage ne supporte pas de vous voir heureux, mieux vaut tourner les talons. La nature a horreur du vide. Si vous avez clairement exprimé votre désir de ne plus être importuné, elle se chargera de mettre sur votre chemin une personne bienveillante ou, au pire, « mieux-veillante ».

Enfin, attention à la médisance. Chacun est comme il est, il est stérile de dénigrer autrui à l'aune de ses propres critères de jugements. Malheureusement, la tendance à rabaisser les autres pour faire valoir sa

11. Idem.

propre supériorité est assez répandue. Jetez un coup d'œil sur notre humour national et voyez combien de blagues « gauloises » contre l'autre existent, contre les Belges, les Suisses, les blondes... Mieux vaut rire de soi, c'est beaucoup plus élégant et beaucoup plus drôle, cela remet les critiques en perspective et évite le complexe de supériorité. Quant à rire avec les autres, juste pour le plaisir de rire ensemble, c'est la classe absolue. Aimez-vous au lieu de porter des jugements sur vous-même et sur autrui. Notre juge intérieur peut être très sévère (il est souvent le résultat de nombreuses introjections parentales et éducatives dont nous savons qu'elles sont loin d'être bienveillantes). Il est important de repérer en soi cette tendance à la dépréciation : *Tu n'aurais pas dû dire ou faire cela de cette manière* ! Ou à la limitation : *Tu ne vas tout de même pas te mettre à danser ici, tu vas avoir l'air de quoi ?* Il faut se laisser une chance d'être soi-même, d'oser exprimer son existence telle qu'elle est. Il y a de la place et du soleil pour tous ! Et chacun est responsable de son rayonnement...

Humeur joyeuse et curiosité

La curiosité est un penchant de la nature qui va comme au-devant de l'instruction ; ne manquez pas d'en profiter.

Fénelon

Lorsque nous étions petits, nous avons connu la force du désir. Pleinement dans l'expérience et dans les sensations, curieux, dans la joie de la découverte à tout instant, entièrement concernés par le plaisir, sans les mots ni le raisonnement, nous percevions les événements sans les conceptualiser, immergés dans un monde sensible et vaste, sans contrôle ni maîtrise. Qu'avons-nous fait de notre instinct ? Savons-nous encore ce qui est bon pour nous ou bien avons-nous renoncé à savoir ? Regardons l'enfant… Il a besoin de découvrir ses propres possibilités et le monde sans censure. Sa joie de vivre va de pair avec la stimulation de sa curiosité. Laissons les petits explorer et admirer ce qu'ils veulent, aimer ce qu'ils ont envie d'aimer, exprimer leurs sentiments. Laissons-les vivre leur vie en veillant, cela va de soi, à ce qu'ils ne se mettent pas en danger, qu'ils ne nuisent pas à autrui ni qu'ils s'imaginent que le monde dans lequel ils sont amenés à évoluer est le monde de Bisounours. C'est vrai, ce n'est pas facile, c'est même un vrai sacerdoce, la fonction de maman et de papa, mais comme c'est intéressant, comme c'est gratifiant ! Essayons… Veillons à ne pas être trop présents, ni absents mais juste bien comme il faut comme Boucle d'or dans la maison des trois ours…

La bonne nouvelle, c'est que l'humeur joyeuse de nos enfants et leur curiosité sont une source inépuisable de futurs bons souvenirs et de réjouissances immédiates pour toute la famille. Régalons-nous aussi de la jovialité des adolescents qui oublient les fadeurs et les terreurs familiales, se réchauffent les uns les autres en refaisant le monde et en riant pour un oui et pour un non. Juna, à vingt et un mois, ne parle pas. Elle a inventé un petit jeu qui l'amuse beaucoup. Elle se campe devant un adulte et elle éclate de rire. Puis elle attend, avec un grand sourire. À chaque fois, ça marche : l'adulte répond à son rire par un rire. Elle se met alors à rire à nouveau, un peu plus longuement. Que l'adulte entre dans son jeu, l'imite à son tour en riant un peu plus longtemps et Juna, ravie, ne s'arrête plus. Au bout d'un petit moment, non seulement Juna et son interlocuteur sont pris d'un énorme fou rire, mais l'entourage est contaminé…

N'oublions pas, comme Juna, de rire de rien, pour rien. De tout, de soi. Quand c'est interdit ou mal vu : en classe, dans un magasin, en embrassant un garçon sans trop savoir comment. Un rire, des rires, qui montent du ventre comme des bulles de champagne et explosent, irrépressibles. Ah ! Les corps pliés, relâchés, le lâcher-prise qui nous laisse vibrants, vivants, ravis…

La curiosité ouvre à la joie car la surprise est partout : dans l'eau, dans l'air, seul ou avec d'autres, en soi et à l'extérieur de soi. Il nous faudrait mille vies pour explorer la multiplicité des paysages, l'infinie variété des chants, des musiques et des danses, les subtilités des couleurs, des saveurs du monde, des parfums. La curiosité stimule la vitalité, elle laboure les champs fertiles du plaisir, de la tolérance, de l'expansion de soi. Le sociologue et philosophe Edgar Morin aime bien rappeler que c'est l'un des traits majeurs de la psychologie d'un enfant. Elle le pousse à explorer son propre monde. La curiosité est la mère de la sagesse, celle-là même qui guide nos pas, elle est aussi une noblesse de cœur, une expansion, une prise de risque.

Et puis, s'ouvrir aux autres, au monde, à la nouveauté, à la singularité, est un acte de bonne santé mentale. Pensons à tous ces scientifiques passionnés. Grâce à leur curiosité inépuisable, ils œuvrent au mieux-être de l'humanité et à la compréhension de sa complexité. Les grandes découvertes médicales qui nous permettent de vivre au-delà de 80 ans aujourd'hui ont toutes eu pour base la curiosité intellectuelle. *J'ai un faible pour Giordano Bruno*[12]*, ce grand homme de la Renaissance qui n'est pas si connu que cela du grand public. Il a payé de sa vie (l'église catholique l'a condamné au bûcher) parce qu'il avait écrit* De l'infinito, universo e Mondi, De l'infini, l'univers et les mondes, *un essai s'appuyant sur les thèses de Copernic (les planètes tournent autour du soleil, centre de l'univers) mais allant plus loin : 'L'univers est illimité, il n'a pas de centre et chaque étoile est comparable au soleil avec un cortège de planètes qui peuvent abriter d'autres créatures à l'image de Dieu'.*

12. Joëlle.

Enfin, la curiosité, c'est l'art d'offrir un regard plein d'intérêt, une attention, un élan. Celle ou celui qui la cultive est porteur de vie.

Ce qu'en disent les philosophes

La joie est un pouvoir. Cultivez-le.

Le Dalaï-lama

Ils ne sont pas unanimes à propos de la joie : un certain nombre d'entre eux s'en méfie même. La joie est par exemple trop expressive pour les Stoïciens et trop illusoire pour les Épicuriens. Bossuet souligne l'oscillation inévitable entre tristesse et joie. Comme la nuit précède le jour qui précède la nuit qui précède le jour, comme la mer a ses marées hautes et ses marées basses, joie et tristesse sont indissociablement liées.

Montaigne, dans ses *Essais*, écrit : *Pour moi donc, j'aime la vie et la cultive telle qu'il a plu à Dieu de nous l'octroyer.* La vie lui est tombée du ciel, mais il cultive en sagesse l'amour qu'il lui porte, en mangeant, en écrivant, en marchant. Voici donc, en plein XVIe siècle, un adepte de la pleine conscience ! *Qu'un homme tel que Montaigne ait écrit, véritablement la joie de vivre s'en trouve augmentée*, a dit de lui Nietzche.

Faire vibrer en soi la joie, n'est pas une mince affaire. Selon Alain, le philosophe, nous avons le devoir de la nourrir : *Être bon avec les autres et avec soi. Les aider à vivre, s'aider soi-même à vivre, voilà la vraie charité. La bonté est joie,* écrit-il dans *Propos sur le bonheur*[13]. Si nous ne sommes pas tous égaux dans notre aptitude à ressentir la joie, il convient de se souvenir ou d'être attentif lorsqu'elle se présente et de la cueillir, comme une fleur. *Il arrive qu'un tyran triste et qui semble n'aimer point la joie d'autrui est souvent vaincu et conquis par ceux en qui la joie est plus forte que tout,* explique Alain. *Les auteurs aussi plaisent par la joie d'écrire...* Quel formidable pouvoir de pouvoir... choisir la joie de vivre !

Nietzsche la désire et voit en elle une ivresse vitale et puissante. Pour Henri Bergson, elle est « le » signe par lequel la nature nous indique que : *notre destination est atteinte, que la vie a triomphé.* Selon lui, *partout où il y a joie, il y a création, et plus riche est la création, plus profonde est la joie.* Enfin, Spinoza, grand penseur de la joie dans l'éthique, qu'il définit comme le *passage de l'homme d'une moindre à une plus grande perfection, mouvement de l'être réunifié qui se nourrit de connaissance, d'action et de désir.* Une joie qui rend libre...

La joie de vivre signifie que la joie ne serait pas seulement liée à telle ou telle activité ou expérience, remarque Paul Clavier, docteur en philosophie et auteur, entre autres,

13. Gallimard, collection « Folio », Paris, 1985.

d'*Ex Nihilo*[14]. *Elle dit que l'existence entière, avec ses hauts et ses bas, serait matière à réjouissance.* Le psychanalyste Jean-Pierre Winter, de son côté, opère un distingo : *La fausse joie serait celle qui, naïvement, clamerait : 'tout va bien se terminer', quand la vraie joie, lucide, affirmerait : 'cela va mal se terminer, mais cela n'est pas une raison pour se décourager.*

Nous pouvons être les passeurs de cette capacité à s'amuser de l'existence, quoi qu'il arrive. Et c'est aussi ça, la joie de vivre, l'amour inconditionnel qu'on lui porte. *On ne transmet vraiment que ce que l'on vit ; vous aurez beau répéter à vos enfants que 'dans la vie, il faut y croire', 'qu'il faut apprécier chaque seconde', si votre façon d'être n'est pas conforme à ces préceptes, peut-être les appliqueront-ils dans un premier temps, mais ce sera sans y croire, uniquement pour vous faire plaisir*, précise Paul Clavier.

Jean-Louis Chrétien parle de la joie comme de l'expérience d'expansion la plus forte qu'il nous soit donné de vivre[15] : *Dès que la joie se lève, tout s'élargit. Notre respiration se fait plus ample, notre corps, l'instant d'avant replié sur lui-même, n'occupant que sa place ou son coin, tout à coup se redresse et vibre de mobilité. Nous voudrions sauter, bondir, courir, danser, car nous sommes plus vifs dans un plus vaste espace, et le défilé resserré de notre gorge devient le gué du cri, du chant ou du rire déployé. Rire ou pleurer, rire en pleurant, pleurer en riant, qu'importe !*

14. Publié chez Hermann Éditeurs, Boulogne-Billancourt, 2011.
15. *La joie spacieuse : essai sur la dilatation*, Éditions de Minuit, Paris, 2007.

Robert Misrahi est à la fois spécialiste de Spinoza et… de la joie. Dans *L'Enthousiasme et la Joie au temps de l'exaspération*[16], il explique que la joie procède d'une volonté, en aucun cas d'un état que nous subirions. Bien au contraire, puisque nous sommes toujours libres de notre choix. La joie s'apprend, se cultive et s'entretient par l'esprit. Dans notre monde tragique où la perte des valeurs et l'individualisme sont des réalités dont il faut tenir compte, il est toujours possible de la préférer au malheur. Il ajoute : *Il faut travailler à un accroissement de la conscience d'autrui, que l'on peut nommer plus simplement : humanisme. Un accroissement de l'humanisme est un accroissement de la générosité.*

Être constamment heureux, est-ce possible ?

Place la bonté comme base de ta vie, la justice comme mesure,
la sagesse comme limite, l'amour comme délectation
et la vérité comme lumière.

Peter Deunov

Tal Ben Shahar, professeur de psychologie positive à Harvard, nous dit que la cause première du stress est la suractivité, le fait d'être multitâche. Il nous propose de cesser de faire plusieurs choses en même temps. De

16. Publié chez Dervy, Paris, 2000.

penser à notre morceau musical préféré et de le noter sur 10. *Pour moi, c'est l'opéra de Carmen*[17]*. Je lui mets 10/10.* Puis, il suggère d'évoquer notre deuxième morceau préféré. *C'est une chanson de Mika, à laquelle je mets 9,5/10. Si j'additionne mes deux morceaux préférés, ça fait 19,5/20. Mais, auditivement parlant, l'addition des deux morceaux, ce n'est plus de la musique, c'est une vraie cacophonie…*

Nous procédons de même lorsque nous cuisinons tout en répondant au téléphone, en pensant à autre chose, en faisant semblant de nous intéresser à ce que raconte notre enfant, ado, mari, femme, boss, ami(e), belle-mère… En faire moins, se concentrer sur l'action en cours permet non seulement d'aller au bout de ce que nous entreprenons – gâteau, conversation téléphonique, écoute de l'enfant, ado, mari, femme, boss, ami(e), belle-mère – mais permet aussi de réduire le stress et d'éprouver la joie d'être disponible.

Prenez maintenant le temps de synthétiser votre vie par écrit : consignez vos activités (temps passé à jouer avec vos enfants, au travail, temps à lire les mails, à regarder la télévision, etc.). Indiquez ensuite, à côté de chacune de ces activités, le temps que vous y avez consacré, puis le plaisir qu'elle vous procure, ainsi que le niveau de sens que vous lui accordez. Demandez-vous ensuite quelles activités vous rendent le plus heureux, et celles auxquelles vous aimeriez consacrer

17. Martine.

moins de temps. Voyez si vous pouvez introduire de nouvelles activités qui conjuguent au mieux plaisir et sens. Introduisez-les en créant des rituels, c'est-à-dire une nouvelle habitude à la fois. Par exemple, si je mets en place le rituel de refaire deux heures par semaine de sport, je peux aussi décider de passer plus de temps avec mes enfants lorsque l'habitude, porteuse de sens et de plaisir, sera installée. Il est important d'avancer pas à pas pour que ces nouvelles activités, promesses de joie, puissent prendre une vraie place dans votre quotidien. Répétez cet exercice régulièrement et n'hésitez pas à remettre vos priorités en perspectives.

Mais être constamment heureux, est-ce possible ? Poser la question, c'est déjà y répondre… Chacun d'entre nous connaît des moments d'anxiété, de tristesse, de colère, de découragement. L'accepter est le premier pas pour aller mieux. *Être déprimé, anxieux ou en colère est un signe de bonne santé mentale,* rappelle avec humour Tal Ben Shahar, *car il n'existe que deux sortes de personnes au monde qui n'éprouvent jamais d'émotions pénibles : les psychopathes et les cadavres*[18]. À ce propos, il est souhaitable d'accepter l'idée d'être mortel car, comme le dit Flaubert, *La mort n'a peut-être pas plus de secrets à nous révéler que la vie*. Eh oui, nous sommes mortels : c'est une réalité existentielle incontournable. Accepter l'impermanence des êtres et des choses permet d'en apprécier la valeur et la précieuse présence, cela conduit aussi à une lecture plus

18. *L'apprentissage du bonheur*, Tal Ben-Shahar, Belfond, 2008.

humaine des événements et rend plus intègre. Ce constat doit nous ouvrir à l'option du présent. Souvenez-vous de ce très bel aphorisme : *Aujourd'hui est un cadeau, c'est pour cela qu'on l'appelle le présent.* C'est une chance d'exister, comme le disait joliment Proust : *Une heure n'est pas qu'une heure, c'est un vase rempli de parfums, de sons, de projets et de climats*[19].

Et si ce monde vous ennuie, réjouissez-vous tout de même car c'est une invitation à regarder à l'intérieur de vous-même, cet endroit où surgit la joie authentique. Jouez ! Qu'importe de gagner ou de perdre, apprenez en jouant, amusez-vous, régalez-vous car la mort vous prendra tout. Profitez de vivre en joie, puisque vous êtes là.

19. *Le temps retrouvé*, Marcel Proust, Poche, 1993.

2.

Comment être joyeux ?

Avant d'être joyeux, il faut parfois trouver le bon moyen d'y parvenir. Voici cinq directions préconisées par Christophe André, médecin psychiatre et adepte de la pleine conscience, pour orienter vos pas[20].

- **Choisir la joie.** Ne comptons pas sur notre nature, programmée essentiellement pour la survie, pour doper notre joie de vivre. Choisir la joie n'est pas évident, c'est un travail quotidien qui demande attention et vigilance, ce choix n'est pas favorisé par les discours ambiants et tout ce que l'on veut nous faire croire : choisir la joie est un acte de créativité et de bravoure.

20. *Les états d'âme, un apprentissage de la sérénité*, éditions Odile Jacob, Paris, 2009.

• **Ne pas laisser trop d'espace au sentiment de malheur.** Prendre acte de son malheur, ressentir ses émotions douloureuses est nécessaire car notre corps physique existe et nos émotions sont des signaux qui nous alertent sur les actes à poser : repos, thérapie, changement à mettre en place, relation toxique à mettre à distance... Se faire aider peut être nécessaire et nous faire gagner des années. Il convient, quand les alertes sont entendues, de continuer à soigner son désir de vivre car ce que l'on nourrit grandit... Nourrissez votre joie !

• **Prendre soin de soi, surtout quand on ne va pas bien.** Gare aux engrenages ! Il est facile de se laisser aller lorsqu'on va mal. S'il est parfois bon de pleurer, de laisser le désordre s'installer autour de soi ou de débrancher le téléphone un certain temps, tout est question de mesure. Il est souvent nécessaire de toucher le fond de la piscine avant de pouvoir remonter à la surface. Mais, attention : cet état doit rester passager. Ne confondez pas un nuage avec le ciel. Après avoir vu ce qu'il y avait à voir dans le nuage, retrouvez votre vastitude, le bleu vous va si bien !

• **Pas de perfectionnisme ni d'obsession du bien-être.** Attention à ce que notre droit au bonheur ne se transforme pas en devoir, ce qui rendrait la chose moins savoureuse et plus moraliste. Encore une fois, il s'agit d'adopter une juste mesure : si on ne juge pas nos émotions mais qu'on les accueille et qu'on entend leurs messages, si nos malheurs nous humanisent en nous ouvrant à plus de compassion, le bien-être prendra naturellement sa place dans notre quotidien et notre joie de vivre pourra se déployer.

• **Face aux soucis quotidiens, réfléchir et stopper les ruminations.** Nos problèmes sont des bénédictions car ils nous invitent à réfléchir, à trouver d'autres voies, à mettre en place des solutions inédites. Observer le problème seul, en couple ou avec un thérapeute ou encore dans une équipe de travail de façon phénoménologique est essentiel : quels sont les faits ? Quelle est la situation ? Qu'est-ce que j'éprouve, quelles émotions émergent en moi quand ce fait est là ? Que permet cette situation ? Quels actes innovants ai-je envie de poser ? Quels sont les risques et les avantages (les pertes et les gains) ? Et si j'osais, dès cet instant, savourer le conseil de nos sages ancêtres : *carpe diem*, mets à profit le jour présent ?

Corps et esprit en harmonie

Harmonie est la fille d'Arès, le dieu de la guerre,
et d'Aphrodite, la déesse de l'amour.
Mythologie grecque

Notre félicité est liée à la fois à nos conditions de vie et au sens de notre existence. Elle est nécessairement matérielle et spirituelle, active et contemplative, sensuelle et réfléchie. Pour Spinoza, *l'esprit est la conscience du corps et l'essence de l'individu unitaire est le désir, puissance de vie, légitime mouvement vers l'estime de soi et vers la joie de vivre, un effort pour persévérer dans l'être.* Le sentiment de complétude viendrait donc à la fois de la satisfaction intelligente du désir et de la joie de la plénitude.

Alimentation, sommeil, exercice physique : notre équilibre émotionnel est aussi lié à notre hygiène de vie. Et un corps et un esprit en harmonie, c'est la joie garantie ! Mais comment faire pour lâcher le poids du quotidien et vivre l'instant présent ? *Pour moi, le jogging est un sport extraordinaire*[21]. *En dehors d'une bonne paire de chaussures et d'un peu de temps, chacun peut le pratiquer à son rythme, au moment de la journée où il le souhaite. Il ne coûte pas un sou et ne contraint pas à « bloquer » un soir de la semaine durant une année scolaire. On peut le pratiquer tous les jours, ou une fois de temps en temps, seul, à deux ou en groupe. Ses effets sont immédiats : passées les vingt premières minutes, le corps produit des endorphines, c'est-à-dire qu'on ressent un sentiment de bien-être et de relaxation qui dure des heures et permet de mettre de la distance avec l'inévitable stress du quotidien.*

Le chant, véritable énergie vocale, est lui aussi un subtil et délicieux moyen de gérer les émotions. Les vibrations sonores qui parcourent la gorge, le palais, le sternum, le ventre et le haut du crâne génèrent une énergie physique, mentale et spirituelle aux conséquences très bénéfiques pour le physique, le mental et l'esprit.

21. Joëlle.

Parmi les innombrables vertus du chant, n'oublions pas qu'il permet de « recharger nos batteries » et, tout simplement, d'apprendre à mieux respirer. Ce que savent bien tous ceux qui pratiquent la méditation de pleine conscience.

Selon que le son est prononcé bouche ouverte ou bouche fermée, le chant agit sur des parties du corps différentes, toujours comme une stimulation, un massage vibratoire interne. Vous avez déjà essayé de stimuler votre sternum ? Non ? Vous ne savez pas comment vous y prendre ? Eh bien, chantez maintenant...

Dans une chorale, le fait de chanter collectivement, d'unir sa voix à celle des autres oblige à une écoute attentive. Comme dans un dialogue de qualité. Emmanuelle Isenmann, musicienne et chanteuse lyrique, nous a confié :

Chanter, pour moi, c'est être.
Être par/dans/avec le souffle, étincelle de vie mystérieuse.
Ce souffle/inspiration permet, lorsque les cordes (tendons) vocales s'accolent, le son.
C'est la joie de vibrer, d'explorer la variété des sons : hauteurs, timbres, volumes...
Chanter, c'est aussi m'inscrire dans l'histoire de l'humanité : on chante pour les fêtes d'anniversaire, pour les fêtes religieuses, aux naissances, aux mariages, aux révolutions, aux enterrements, à la guerre, à la paix, à l'amour...
Chanter, c'est le cri primal sublimé.

C'est l'alliage subtil de deux arts : la parole et la musique qui souligne/renforce l'essence du message.
C'est aussi découvrir mes limites humaines, m'efforcer de les repousser, en les acceptant/reconnaissant (paradoxe).
C'est le rapport au temps qui semble se suspendre même lorsqu'il poursuit son cours, inexorablement, le rapport à l'espace extérieur/intérieur.
Chanter, ce fut pour moi un appel irrépressible mais, dans ce domaine, il faut être choisi. C'est donc aussi la reconnaissance par l'autre, les autres.

À chacun son moyen pour évacuer les tensions, pour découvrir comment rafraîchir et savourer l'instant présent. *J'ai trouvé l'harmonie grâce au rire*[22]. *Ça me vide la tête et m'ouvre le cœur. À quarante ans, j'ai constaté que j'avais des pensées ruminantes et que je ne riais plus. Mon activité professionnelle était sérieuse, j'étais à l'époque psychothérapeute et je me prenais au sérieux. Mes amis parlaient psy, mangeaient psy, pensaient psy, moi aussi hélas : pas de joyeux drilles à l'horizon pour stimuler mes zygomatiques (j'avais plutôt les masséters aussi durs que des plaquettes de béton tellement les colères et les frustrations s'y étaient accumulées) et mes amis les plus drôles m'avaient désertée ou je leur avais fait faux bond… J'étais très loin de mes fous rires d'adolescente et je me sentais vieillir. Lorsqu'on dit que vieillir est surtout dans la tête, c'est vrai, ma tête et mes ratiocinations m'alourdissaient jour après jour. Je ne voyais surtout pas comment je pouvais ranimer la flamme de ma joie de vivre et retrouver l'enthousiasme*

22. Martine.

qui m'était si cher. Il y avait une volte-face à effectuer mais je ne savais pas comment m'y prendre. Lorsque j'ai découvert sur Internet qu'il existait des clubs de rire, cela m'a fait l'effet d'une oasis dans le désert : la vie avait provoqué ma soif pour mieux me permettre de l'étancher. J'ai répondu à cet appel : j'ai couru ventre à terre pratiquer cette discipline, ce « yoga du rire » créé par le docteur indien Madan Kataria, puis j'en ai fait mon second métier. Depuis, je ris chaque jour au moins vingt minutes, plus une heure par semaine grâce au club de rire que j'ai créé et que nous co-animons à Vincennes avec Joëlle. Sans compter les réunions festives entre rieurs, les journées internationales du rire et tous les moments joyeux que je m'amuse à faire surgir ou à accueillir au quotidien. Je me suis entourée de gens souriants, charmants, généreux et j'apprends chaque jour un peu mieux à recevoir avec gratitude ce que la vie m'offre. Grâce au rire, je me sens plus légère et j'ai du plaisir à être là, puisque c'est là que tout se passe.

Jacques, 56 ans, retraité du ministère de la Défense, a autorisé la joie à entrer dans sa vie d'une tout autre manière : *Lorsque je travaillais, j'étais à fond dans mon métier et je reconnais aujourd'hui être passé à côté de mes enfants. En fait, je ne les ai pas vus grandir et il m'arrive de le regretter. Aujourd'hui, à la retraite, je prends le temps de profiter de la nature, de la vie, des gens. J'ai la chance de vivre depuis quatre ans une histoire d'amour qui me remplit de joie, même si nous n'habitons pas dans la même région. En fait, je me centre sur ce qui va bien : la distance nous fait ressentir le manque et l'envie l'un de l'autre. Et ma grande disponibilité me fait avaler les kilomètres sans compter. J'ai appris à apprécier chaque moment car je suis conscient du temps qui passe et qui passe vite. La femme que j'aime a un enfant de huit ans qui m'a investi affectivement et que je trouve très attachant, cette relation me fait un bien fou, j'ai le sentiment que la vie me donne une chance de me rattraper, je peux vivre une relation beau-père/fils qui me comble et revivre un amour fort avec une femme est un cadeau inestimable.*

La joie a indubitablement un effet positif sur la santé. Au même titre que l'amour, elle procure une sensation d'exaltation qui favorise le ralentissement du rythme cardiaque. Par essence communicative, contagieuse, elle permet de créer des réseaux sociaux qu'elle dynamise en permanence. Une personne joyeuse possède cette capacité à accroître le sentiment de bonheur auprès de son entourage. Lequel entourage joyeusement contaminé augmentera la capacité de proches à se sentir plus heureux. S'il fallait inventer le cocktail de la joie, nous proposerions une bonne rasade d'émotions positives, un zeste de sexualité épanouie, de la distance vis-à-vis du stress, une pincée de pardon et de gentillesse !

Mais attention ! Chimiquement, il faut le savoir, nous ne sommes pas égaux. Certains d'entre nous sont porteurs du gène 5-HTT long, qui leur permet de transporter beaucoup de sérotonine, c'est-à-dire de mieux affronter les épreuves, de s'amuser plus facilement et en cas de grand malheur, de le vivre de façon moins douloureuse et moins longue, contrairement aux porteurs du gène 5-HTT court qui seront moins bien armés. La bonne nouvelle, c'est la découverte il y a une vingtaine d'années de la plasticité cérébrale : le façonnement du cerveau est un phénomène continu, ce qui signifie qu'aucun d'entre nous n'est condamné au malheur de façon irrévocable. Dans cette évolution permanente, notre libre arbitre joue un rôle important pour optimiser notre aptitude à la joie et au bonheur.

Rire et bâiller

Rien n'est sérieux en ce bas monde que le rire.

Gustave Flaubert

Les bienfaits du rire ? Rire libère du stress et permet au corps de se relaxer. Il euphorise grâce aux endorphines, notre morphine naturelle. Il calme les angoisses, permet de prendre du recul au quotidien et de relativiser. Il entraîne une respiration ample qui active le diaphragme, entraînant un massage et une tonification des organes, active la circulation sanguine et apporte plus d'oxygène au cœur, désencombre les bronches, offrant une plus grande capacité respiratoire. Il favorise un sommeil réparateur, renforce le système immunitaire et la résistance à la douleur, améliore la qualité de vie en provoquant une joie de vivre importante liée à une meilleure estime de soi et surtout il procure un grand plaisir.

Depuis l'Antiquité, nous savons que rire dix minutes par jour contribue à notre santé et à notre bien-être général, y compris à notre bien-être relationnel. Or, aujourd'hui, certains Français ne rient à peine qu'une minute par jour. C'est dommage quand on sait que le rire, contagieux, crée du lien, de la convivialité et apporte une cohésion sociale basée sur le partage et la bienveillance.

Rire relaxe le visage, le cou, les bras, l'abdomen ; il permet de mieux irriguer les muscles. Et à l'heure des « régimes détox », rire est un désintoxiquant physique qui restaure la joie de vivre, aide naturellement à lutter contre la fatigue, lisse les traits du visage et fait pétiller le regard. Un visage joyeux et malicieux n'est-il pas mille fois plus agréable à regarder qu'un visage bougon ou fâché ?

Un bon fou rire est toujours un moment mémorable de bonheur, même (et surtout ?) s'il se déclenche dans des endroits où cela n'est pas convenable : enterrement, réunion de travail, église…

En 1995, le médecin indien Madan Kataria a mis au point le concept du « rire sans raison », et, pour y parvenir, une technique : le yoga du rire qui a débouché sur la naissance des clubs de rire. Il existe aujourd'hui environ cinq mille clubs de rire dans le monde. La pratique du yoga du rire sollicite le corps et non pas l'humour (qui est mental et culturel). Il s'agit de laisser venir le rire par le mouvement en libérant les tensions physiques et en lâchant le mental, c'est-à-dire le sérieux, le contrôle. C'est un espace/temps qui autorise un retour à l'enfance et au jeu, source de plaisirs. Deux à trois séances peuvent être nécessaires pour rire sans retenue avec d'autres. Mais, à raison d'une séance par semaine, le rire s'invite petit à petit dans votre quotidien, y compris en dehors des séances.

Le yoga du rire se pratique en groupe à raison d'une heure. Au cours de la séance, les participants vont bénéficier d'étirements, d'exercices d'ancrage et de jeux. Une méditation du rire (c'est-à-dire un fou rire collectif) et une relaxation clôturent la séance : la plupart des participants reconnaissent qu'ils se sentent totalement relâches, détendus, déstressés et… heureux, reconnectés à leur joie de vivre à l'issue de la séance. Une joie de vivre qu'ils vont entretenir comme des braises sous la cendre entre deux séances, lâchant prise sur le mental dès que l'occasion se présente pour apprécier ce que le spectacle de la vie leur donne à voir et rire des scènes cocasses qui s'offrent à eux tous les jours, au bureau, dans la rue, à la maison, dans les transports en commun ou dans les embouteillages. L'un des rieurs du club de rire de Vincennes, Stéphane, racontait qu'il aimait beaucoup s'amuser à faire coucou aux automobilistes contraints à rouler comme des escargots comme lui dans les bouchons. *J'ai donc essayé à mon tour*[23]. *Quand on est*

23. Joëlle.

salué avec un grand sourire, le réflexe est de saluer. Dans un deuxième temps, je vois que la personne à qui j'ai fait coucou se demande : 'Mais qui c'est, cette femme qui me salue ?' Certains automobilistes comprennent que c'est une blague, ils sourient franchement, agitent joyeusement la main, tout contents de cette micro animation qui leur est offerte. Certains, même, éclatent de rire.

Corinne Cosseron, séduite par la pratique du yoga du rire, a fondé en 2002 à Frontignan, dans l'Hérault, l'École internationale du rire qui deviendra un peu plus tard l'École internationale du rire et du bonheur. L'école propose des stages, des cures de rire et des formations, parmi lesquelles celle de rigologue : la Rigologie est un ensemble de techniques psychocorporelles, d'éducation émotionnelle visant à stimuler la joie de vivre, l'optimisme et la créativité.

Robert Provine suggère dix stratégies pour favoriser le rire[24] :

- recherchez des gens qui aiment rire ou trouver un ami disponible pour cela ;
- plus il y a de gens, mieux c'est ;
- augmentez les occasions de contacts interpersonnels (présenter les gens les uns aux autres) ;
- créez une atmosphère détendue ;
- préparez-vous à rire et soyez disponible pour cela ;
- profitez de l'effet de contagion du rire ;

24. Laughter : A scientific investigation, Penguin Books, Londres, 2001.

- fournissez du matériel humoristique (blagues, dessins, livres, vidéos, films, enregistrements...) ;
- enlevez les inhibitions sociales en vous entourant de personnes qui vous acceptent et protégez-vous des regards indiscrets ;
- créez des événements sociaux (toutes les excuses sont bonnes) ;
- chatouillez. Habituellement réservé aux enfants, aux amis intimes et aux amants.

Si cela vous tente, à vous de voir ! Et si c'est tout vu pour vous, voici le regard d'un grand monsieur, Walt Disney : *Pour s'y mettre, il faut cesser de discourir et passer à l'action.*

Quant au bâillement, c'est un prélude délicieux au rire.

Pour réussir un bon, un vrai, un formidable bâillement, nous vous conseillons de regarder comment s'y prennent les chiens. Ils bâillent lentement, jusqu'à s'en décrocher la mâchoire, en enroulant la langue, puis ils soupirent et s'affaissent, annonçant que l'heure et venue... de ne plus rien faire.

Car bâiller n'est pas forcément un signe de fatigue. C'est plutôt l'annonce d'un congé qu'on accorde à l'esprit pour mettre momentanément fin à la ronde incessante des pensées et à l'attention soutenue. *Il est remarquable que le mouvement des bras en l'air, signe de capitulation, est aussi le plus utile à délivrer le thorax*, écrit Alain dans ses

Propos sur le bonheur. Mais c'est aussi la position de choix pour bâiller énergiquement.

Il explique que n'importe quel souci nous serre littéralement le cœur : nous ressentons instantanément que notre thorax se resserre. Surgit alors une sensation d'anxiété, suivie d'impatience et de colère contre soi. Bâiller est le remède à tout cela. Aussi contagieux que le rire – un bon bâilleur en fait bâiller sept ? – et sans aucun risque pour la santé, il provoque le bien-être et la détente de l'organisme. Contrairement à l'injonction éducative répandue selon laquelle bâiller en public serait inconvenant car synonyme d'ennui, nous pensons que bâiller en présence d'autres personnes est un acte d'abandon et de lâcher-prise signifiant : « Avec vous, je me pose, je me détends. »

Respiration et méditations, les grandes alliées de la joie

Sois humble, car tu es fait de terre.
Sois noble, car tu es fait d'étoiles.

Proverbe serbe

Je me souviens encore, lorsque j'avais vingt ans, de cette séance de massage[25]*. J'étais invitée à porter mon attention sur mon souffle et à le sonoriser légèrement. Il m'est alors apparu que*

25. Martine.

ma respiration ressemblait au souffle du vent. Les gestes du praticien concordaient avec ce mouvement naturel de contraction et d'expansion. Je ressentais une harmonie et une détente bienfaisante, ma respiration était semblable au flux et au reflux de l'océan.

Ce qui nous rend malheureux, c'est la sensation d'être éparpillé, le corps ici, les pensées ailleurs et les sentiments on ne sait où. Être dispersé, tiraillé, stressé procure une sensation d'inconfort. En reprenant contact avec le rythme de votre souffle, avec sa douceur particulière, vous recontactez très rapidement la joie.

Méditer procure une joie douce. Cela permet d'être là, témoin du vivant, témoin du mouvement et de l'impermanence de toute chose. Il existe des méditations actives, dans le mouvement, et des pratiques plus contemplatives. Trouvez celle(s) qui vous convient.

Pour ma part[26]*, j'ai fait plusieurs retraites en silence dites Vipassana qui consistent à observer en soi tous les mouvements, les pensées et les émotions qui surgissent.*

Des méditations dans le mouvement telles que celles initiées par Osho permettent un bon nettoyage des tensions et procurent une sensation d'ouverture et de réunification. Si vous vous sentez attirés par ces pratiques, il est conseillé de ne pas les aborder en touriste

26. Martine.

mais de se donner le temps de l'expérimentation : la méditation soulève beaucoup de résistances internes car nos schémas et nos habitudes sont forts. Toutefois pratiquer la pleine conscience au quotidien change la vie et permet d'aborder les événements avec plus de clarté, de bienveillance et de bonheur. La méditation est à l'âme ce que l'exercice physique est au corps : une réponse quotidienne adaptée à un besoin de santé, de mieux-être et d'éveil. Voici une méditation pertinente et bénéfique inventée par Veeresh, le fondateur du centre Osho « Humaniversity », en Hollande. On y pratique l'AUM méditation qui veut dire *Awarness* (Conscience) *Understanding* (Compréhension) et Méditation. C'est une méditation active et sociale. Elle permet une transformation profonde qui libère les tensions et les sentiments refoulés et donne accès à un espace de paix et de silence. Elle permet également de faire le plein de bien-être, de libérer les émotions enfouies, de se relaxer et d'apprendre à prendre position dans sa vie.

L'AUM méditation se compose d'exercices bioénergétiques, de danse et de différentes façons de prendre contact avec l'autre. Par l'expression des sentiments, on explore des polarités telles que pleurs/rire, amour/haine grâce à la présence des autres en miroir. Il s'agit d'explorer quatorze « structures » avec le support de la musique :

1. Non

Face à votre partenaire, vous exprimez votre négativité, votre colère, votre frustration. Vous défendez votre territoire. Cette énergie vous ancre dans votre pouvoir et votre vitalité.

2. Pardon

Face à votre partenaire, exprimez votre pardon : *Si je t'ai blessé, je suis désolé !*

3. Oui

Face à votre partenaire, vous pouvez dire : *Je t'aime*. Après avoir affirmé votre côté animal de pouvoir, dire oui dans cette étape permet de partager votre ouverture de cœur. On se sent nourri d'exprimer notre amour et de se sentir aimé.

4. Second souffle

Tirée de la bioénergie, cette étape permet de brûler le trop-plein énergétique en allant au-delà des limites mentales. Nous possédons beaucoup plus d'énergie que nous ne le soupçonnons, si nous nous fions au corps, et non aux limitations mentales.

5. *Kundalini Shaking*

Cette étape permet de libérer les tensions en activant la *Kundalini*, l'énergie qui circule le long de la colonne vertébrale et active notre énergie vitale.

6. La folie-cartharsis

Dans cette étape on s'exprime de façon débridée, on ose sa folie pour créer de l'espace en soi et respirer ensuite de façon plus dégagée.

7. La liberté

Vous célébrez votre liberté et exprimez ce que vous voulez en dansant. C'est une étape pour revenir à soi, pour reprendre contact avec son corps et son centre.

8. L'effondrement

Vous vous autorisez à pleurer et laissez de la place pour votre peine et vos larmes pour passer de la peine et de la frustration à l'espace du cœur et de la joie.

9. Le rire

Rire nous permet de contacter notre vitalité, de rire de soi avec les autres et de ressentir la jubilation de l'espièglerie.

10. La danse séduction

C'est le temps du rapprochement avec les autres. Une occasion idéale pour jouer avec votre sensualité, apprendre à connaître et à poser ses limites.

11. AUM *Chanting*

Dans un grand cercle qui inclut tous les participants, nous chantons tous ensemble le son AUM, son fondamental de l'existence. Ce son apaise, calme et passe un baume sur les émotions ramenées à la surface lors des étapes précédentes.

12. Wow

Assis en tailleur, il s'agit de revenir à soi, les yeux fermés ou ouverts, en silence. C'est l'opportunité de trouver en soi le silence.

13. *Namasté*

Dernière étape de la AUM, nous rencontrons chaque participant en le saluant. *Namasté* signifie : *Je reconnais le divin en toi*. Il est également possible de saluer les qualités spécifiques de chaque participant.

14. Partage

L'expérience se termine par un temps de partage verbal à trois autour de ce qui vient d'être vécu ensemble : ce qui a été le plus difficile, ce qui a été le plus facile, l'enseignement que vous tirez de l'expérience.

Des chercheurs du laboratoire de Richard Davidson, de l'université du Wisconsin, ont découvert que lors de la méditation dite « de compassion », les moines déclenchent dans leur gyrus frontal gauche une excitation très supérieure aux autres individus. Cette région du cortex héberge des émotions positives telles que l'enthousiasme et la joie. En méditant sur le bien-être d'autrui, ces moines provoquent des pics de félicité dans leur propre cerveau. En pratiquant assidûment certains exercices de méditation, des changements d'humeur s'installent durablement, comme en témoigne Matthieu Ricard[27] : *L'ego s'efface alors et, avec lui, les émotions empoisonnées comme l'avidité et la haine. Mes maîtres spirituels étaient totalement dénués d'ego, tout en ayant une grande force de caractère et une générosité sans bornes.*

Le *kaizen*, la théorie des petits pas

Les grandes choses peuvent se manifester par de petits signes.

Sigmund Freud

Robert Maurer explique que tout changement, même positif, génère de l'anxiété[28]. Or, face à la peur, le cerveau humain est programmé pour deux réponses : fuir ou combattre. C'est pourquoi, devant le défi de changer notre manière de manger pour maigrir, par exemple, la peur de décevoir génère le découragement et la précipitation sur le paquet de chips. Il s'agit donc de s'attaquer à la peur pour ne pas mettre le cerveau en alerte. En continuant de manger la même chose, mais en jetant la première bouchée de chaque plat, le changement est invisible et ne génère donc aucun stress. Petite cuillère par petite cuillère, le candidat au régime renoncera aux deux premières bouchées de chaque plat, puis aux trois premières. Il continuera à manger la même chose, mais

27. *Plaidoyer pour l'altruisme : la force de la bienveillance*, Éditions Nil, Paris, 2013.
28. *Un petit pas peut changer votre vie*, Le Livre de Poche, Paris, 2007.

en quantité moindre et le résultat positif ne tardera pas à se faire sentir et à se voir.

Le *kaizen* est ce qu'on peut appeler en résumé la théorie des petits pas. Littéralement *kai* (changement) et *zen* (bon) en japonais, elle s'appuie sur l'adage célèbre de Lao-Tseu : *Même un voyage de mille kilomètres commence par un premier pas*. La traduction française la plus courante est « amélioration continue ». C'est un concept qui prend en compte de petites transformations quotidiennes à tous les niveaux en s'appuyant sur les ressources disponibles. Cette démarche japonaise, graduelle et douce, repose sur la constance. Au sein des entreprises, contrairement à l'innovation, le *kaizen* ne demande pas beaucoup d'investissements financiers, mais une forte motivation de la part de tous les employés. Plus qu'une technique de management, le *kaizen* est une philosophie, une mentalité et une posture impliquant chaque acteur de l'entreprise.

À un niveau personnel, il n'est pas toujours simple d'agir et d'évoluer. Le *kaizen* propose d'améliorer sa vie par petites touches à partir de ce qu'on a déjà. Nous savons que le changement génère de l'anxiété. Mais il a aussi du bon. Oser prendre des décisions et passer à l'action améliore la confiance en soi et l'aptitude à prendre en charge sa vie, au lieu de la subir. Malgré les bénéfices potentiels d'un changement, nous sommes souvent freinés par nos peurs. De petits gestes vont les apprivoiser et produire à terme de grands effets. Tout changement, même modeste, est un petit pas dans la direction qu'on s'est fixée. De pas en pas, on se retrouve au sommet d'une montagne, à courir chaque jour dans la nature, à écrire un livre ou à réaliser tout rêve que l'on pensait inaccessible.

Pour opérer des changements simples et concrets, comme s'inscrire dans un club de judo, manger plus sainement, passer plus de temps avec ses amis, tester un club de rire ou oser un nouveau style vestimentaire, allez-y par petites touches, petit à petit, vous créerez des variations à partir de l'existant et le plaisir engendré par ces modifications vous maintiendra sur la voie d'une vie plus mobile, plus variée et plus en lien avec vos choix. En agissant de façon progressive et déterminée, vous évoluerez plaisamment et deviendrez apte à réaliser facilement d'autres projets.

Toujours selon le professeur de bonheur Tal Ben Shahar, *le fait de se brosser les dents matin et soir est un rituel qui n'exige pas des prouesses d'autodiscipline. Eh bien, c'est cette même démarche que nous devons adopter si nous voulons apporter un changement dans notre vie*[29]. Le professeur de bonheur précise qu'il est plus facile de changer en n'introduisant qu'un ou deux rituels à la fois dans nos existences et qu'il vaut mieux être sûr qu'ils sont bel et bien devenus des habitudes avant d'en ajouter de nouveaux. Il faut bien sûr, au préalable, définir ces rituels qui peuvent nous rendre plus heureux. Comme pour le

29. *L'apprentissage du bonheur*, Tal Ben-Shahar, Belfond, 2008.

brossage de dents, ce n'est pas utile d'aller chercher très loin. Cela peut être de faire du sport, d'aller deux fois par mois au cinéma ou de sortir plus souvent avec son conjoint. Qui m'empêche d'être et d'incarner ce que je veux, à part moi ?

La lenteur, grande alliée de la joie

Les Européens ont les montres, les Africains ont le temps.
Adage malicieux

Il existe une pédagogie de l'escargot. Voici comment la définit son concepteur, Gianfranco Zavalloni :

Perdre du temps est gagner du temps
apprendre par les mains
dessiner au lieu de photocopier
supprimer les notes et apprendre à nous poser les bonnes questions
la recréation est un droit inaliénable
la morale : le Certificat du Bon Sens
des potagers pédagogiques pour ralentir avec la nature
l'erreur est créative
et ne pas se prendre trop au sérieux ![30]

30. *Pédagogie de l'escargot*, Gianfranco Zavalloni, De l'enseignement, 2011.

Accepter de ralentir, c'est goûter chacun de nos gestes, chacune de nos pensées et de nos intuitions ; c'est prendre les décisions justes au quotidien. Plutôt que de rejeter les draps en vitesse, avaler un café debout, se doucher en pensant à tout ce qu'il y a à faire dans la matinée, pester dans les embouteillages... Si nous réapprenions à décélérer, c'est-à-dire à profiter encore un peu, un tout petit peu, de la tiédeur de la couette avant de savourer chaque gorgée de café et chaque bouchée de pain grillé ? À jouir de l'eau chaude qui coule sur la peau parfumée par le savon – il y a tant de gens de par le monde qui n'ont pas accès à ce luxe incroyable – si, si, c'est un luxe, un vrai luxe ! À profiter de l'embouteillage pour écouter l'émission ou le récital proposé à la radio, en se réjouissant de la chance de pouvoir le faire, par la simple et magnifique évidence d'un fait banal : le trafic est ralenti.

En 2009, j'ai fait l'un des choix les plus importants de ma vie d'adulte[31]*. J'étais loin d'imaginer à quel point cette nouvelle option allait rendre mon quotidien à cent pour cent plus qualitatif. J'ai décidé de décélérer. J'avais observé que j'étais toujours en stress après une accélération : finir un dossier rapidement, partir à la dernière minute de chez moi et donc courir pour être à l'heure, faire plusieurs choses à la fois. La plupart de mes erreurs venaient d'une précipitation : composer un mauvais numéro de téléphone ou de carte bancaire et donc être obligée de le refaire, me tromper d'itinéraire, parler vite, quitte à ce*

31. Martine.

que mes mots dépassent ma pensée, penser vite en choisissant l'efficacité d'un discours plutôt qu'un bon contact avec le public, m'énerver en cuisinant ou en faisant les courses car je vivais cela comme du temps de perdu. Je pensais que des choses plus essentielles m'attendaient, je n'avais pas compris que l'essentiel, c'était moi et ma manière d'aborder les événements. La façon dont je prépare un repas, dont j'anime un atelier de rire ou dont je me déplace pour conduire ma voiture au garage réclame la même attention. J'ai l'option de me perdre dans l'anecdotique en jugeant ce qui est important et ce qui est subalterne ou je choisis de donner de la valeur à la conscience que je mets dans mes actes et je m'efforce d'être là pour les vivre, les ressentir et non pas seulement les exécuter. Je me souviens de l'époque où je disais souvent : « Bon, ça, c'est fait ! », ayant en tête tout ce qui restait encore à faire, en ne profitant ni de ce que j'avais réalisé (j'allais trop vite), ni de ce qui n'était plus à faire (je me reposais rarement), ni de ce qui restait à faire (la perspective étant du travail à abattre, aucun plaisir ne se profilait à l'horizon). J'ai posé une petite tortue en céramique sur mon bureau et j'en offre autour de moi quand j'ai la chance de partager cette découverte avec d'autres. Décélérer m'a appris à découvrir mon rythme biologique et à m'y tenir : pas question de m'activer après le déjeuner, chaque fois que cela est possible je m'allonge et me repose entre dix et vingt minutes, cela me donne une forme olympique pour le reste de la journée, sans coup de barre. De même ai-je pris le chantier du sommeil à bras-le-corps car la bonne humeur est difficile à acquérir sans un bon sommeil. Il est donc nécessaire de veiller à la qualité du matelas, à la bonne orientation du lit, à l'aération de la chambre à coucher, à sa couleur qui doit être paisible, à sa propreté, à sa vacuité : il est nécessaire d'éviter toute surcharge sur les murs, tout fauteuil ou meuble inutile... Avec la pratique de la pleine conscience, j'ai réappris à savourer mes repas en mangeant lentement. Je me nourris mieux et moins, ce qui entraîne une sensation de légèreté et de bien-être. Être adepte de la lenteur me donne une base de sécurité corporelle, de bons appuis, un diaphragme vivant, une respiration vaste et lorsque je choisis d'accélérer, en dansant, en nageant ou en courant, je ressens non pas du stress mais de la puissance et cela me donne le goût de vivre.

Savons-nous encore manger sainement ou cédons-nous à la tentation des courses vite faites et aux compulsions compensatrices ? Un stop, des stops s'imposent. Il est bon de savoir s'arrêter, de demander son chemin, puis de faire marche arrière comme le rappelle l'histoire suivante : un vieil homme était assis près de Delhi, lorsqu'un jeune homme passa devant lui en voiture. Il s'arrêta et demanda au vieil homme : *À quelle distance se trouve Delhi ?* Le vieil homme répondit : *Si vous continuez sur cette lancée et dans la même direction, c'est très, très loin. Il vous faudra traverser toute la terre car vous avez laissé Delhi à deux kilomètres derrière vous.*

La vitesse nous conduit souvent à des paroles inadéquates et des actes irréversibles. Notre rythme biologique n'est pas rapide, mais nos pensées et notre avidité le sont, ce qui conduit le monde à des catastrophes, comme la destruction des forêts et la pollution des terres et de l'eau. Les décisions importantes doivent être prises après mûres réflexions et concertations. Avant de croquer une pomme, songeons à son parcours : au soleil, à l'eau, aux soins qui lui ont été prodigués. Si vous êtes citadin, ayez une pensée pour tous ceux qui ont contribué à son ensemencement, à la récolte, au transport, à la mise en rayon... Sachant tous ces efforts, toute cette énergie pour lui permettre d'arriver à maturité, mérite-t-elle d'être engloutie de façon automatique, le téléphone portable à la main, en pensant à autre chose et en étant ailleurs ? Accordez-lui l'attention qu'elle mérite, prenez soin de la savourer. Il est important de s'offrir le temps de vivre pleinement les choses qui paraissent insignifiantes.

Dans certaines familles, les plus âgés continuent de considérer les membres plus jeunes comme l'enfant qu'il ou elle a été. Il ou elle se retrouve épinglé comme un papillon et n'est pas vu comme l'adulte qu'elle ou il est devenu. C'est la raison pour laquelle, parfois, lors des réunions de famille, nous avons le sentiment de régresser, d'être plus mous et plus insipides que nous ne le sommes vraiment et nous repartons dévitalisés car non reconnus tels que nous sommes aujourd'hui. C'est tout l'intérêt d'élargir le plus possible sa famille de cœur de façon à laisser toutes nos chances de transformation se mettre en œuvre, sans restriction. Il est recommandé de devenir acteur lors des Noëls familiaux et d'apporter la petite différence musicale, culinaire ou autre qui fera de cette réunion un moment unique de partage. Pour savourer le temps, il est bon de suspendre sa course.

Lors d'événements intenses, ceux pendant lesquels on laisse la magie opérer, comme un dîner entre amis, la réussite scolaire d'un enfant, la guérison d'un être cher ou une balade dans les bois en automne, nous mettons de côté nos tracas. Malgré nos impatiences, il se passe toujours quelque chose en arrière-plan… Pour la future mère, la naissance de l'enfant n'est que le point culminant d'un long processus. Que se passe-t-il dans l'invisible ? La gestation qui précède la naissance de nos rêves, dans la réalité, est une phase de développement, de maturation, de mise en place, de résonance avec un devenir que l'on aspire à vivre. Il n'est pas utile de vouloir aller plus vite, chaque chose arrive à temps, il est souhaitable au contraire de savoir se détendre… Faire ce qu'il faut et laisser les choses prendre forme naturellement, en restant calme et disponible, en offrant à la nature l'espace dont elle a besoin pour opérer.

Faire la paix avec ses émotions

La musique chasse la haine chez ceux qui sont sans amour.
Elle donne la paix à ceux qui sont sans repos,
elle console ceux qui pleurent.

Pablo Casals

Les émotions sont nos alliées. Chacun peut faire l'expérience existentielle de l'alternance des polarités ombre et lumière, joie et tristesse. Bossuet le constatait déjà du haut de son XVIIe siècle : *Comment faire l'épreuve de la dilatation, si l'on ne faisait pas l'épreuve du resserrement et de l'étroitesse ? La dilatation ne serait pas une libération, s'il n'y avait rien dont elle nous libérât*[32]. Il n'y a pas de mauvaises émotions, seulement un mouvement qui nous construit en passant d'une émotion à l'autre. Nous sommes comme des vagues qui s'élèvent et redescendent, infiniment. Accepter cette alternance, accepter l'impermanence de toute émotion, que la tristesse succède à la joie, la joie à la tristesse dans un mouvement aussi permanent que celui des nuages dans le ciel, là réside le premier pas vers la fin de la peur. Rien n'est immuable, tout bouge. Le comprendre et l'intégrer mentalement, c'est aussi comprendre et intégrer mentalement que la peur va, la peur vient, qu'elle n'est en rien une fatalité ou un état d'âme permanent.

Tal Ben-Shahar n'avait que huit étudiants sur les bancs de sa classe au début de son enseignement à Harvard. L'année suivante, grâce au bouche-à-oreille, il eut trois cents élèves, neuf cents la troisième année. Il en a plus de mille quatre cents aujourd'hui. *Aucune existence n'est exempte de souffrance, et multiples sont les barrières – internes ou externes – qui nous séparent de la félicité, et que ne saurait faire tomber la simple lecture d'un livre. Toutefois, en comprenant mieux l'essence même du bonheur et, plus important*

32. *Les oraisons funèbres*, Bossuet, Folio classique, 2004.

encore, en mettant en pratique certaines idées, on peut, dans la plupart des cas, se donner les moyens d'une vie meilleure[33].

Les émotions sont de précieux indicateurs, elles nous alertent, aucune n'est mauvaise. Elles servent à attirer notre attention afin que nous mobilisions nos aptitudes à agir. En les accueillant amicalement, nous pouvons mettre en place des réponses appropriées à nos interrogations et obtenir ce qui nous convient vraiment.

Peur d'être soi, peur de déplaire, peur de manquer, peur d'aller de l'avant, vers les autres, peur de prendre position, de dire non, de dire oui… Nous pouvons dire merci à notre peur, qui nous signale un danger : grâce à elle, nous allons pouvoir nous protéger, demander de l'aide si besoin, fuir ou… combattre. Elle fait partir de l'arsenal émotif de l'homme parce qu'elle lui est utile. D'un point de vue neurologique, c'est juste une activation de l'amygdale… Le problème surgit quand la peur ne relève pas d'une réelle menace, mais de l'anticipation, c'est-à-dire de la construction mentale, fictive, d'une menace. Nous entrons alors dans le champ de la phobie ou de la névrose, de l'irrationalité du sentiment basé sur une crainte non fondée. À des années-lumière de faits tangibles et avérés. Nos peurs indiquent un besoin de réassurance et de protection ; c'est pourquoi elles sont légitimes. Il est nécessaire de les entendre, de ne pas les nier ou les juger parce qu'elles peuvent indiquer la

33. *L'apprentissage du bonheur*, Tal Ben-Shahar, Belfond, 2008.

présence effective d'un danger. La peur est un bon thérapeute : elle permet d'apprendre, de nous mobiliser, elle nous indique qu'il y a quelque chose à entreprendre ou à changer dans notre vie.

Physiologiquement, les personnes qui sont aux prises avec des inquiétudes soupirent, leur respiration est superficielle, haute ; le ventre et le diaphragme ne sont pas profondément irrigués, ni mobilisés. Il n'est pas toujours évident de reconnaître la peur en soi car elle peut être diffuse et il n'est pas rare de lui substituer la colère ou la tristesse quand nous n'arrivons pas à la percevoir ou à la ressentir. L'antidote par excellence ? L'amour, qui restaure le droit de vivre. Dès lors que l'on aime, la peur s'évanouit et fait place à la joie, à la paix intérieure, à la sérénité, à l'émerveillement… Tout comme l'obscurité disparaît quand la lumière se manifeste, peur et amour ne peuvent pas coexister.

Merci à notre colère, qui nous signale que nous avons atteint une limite, que notre seuil de tolérance est dépassé : nous allons nous mobiliser pour rétablir l'équilibre, pour répondre à nos besoins, obtenir réparation sans violence, en utilisant la loi si nécessaire. Il est important de ressentir la colère : elle permet de poser des limites, de ne pas accepter n'importe quoi. Avez-vous remarqué, d'ailleurs, que lorsque vous essayez de refouler votre colère (ou votre peur, ou votre chagrin), loin de disparaître, celle-ci envahit votre espace mental ? Ceux qui pensent que leur colère est négative ont peur d'être submergés par elle, ils tentent de l'étouffer, de la réprimer au point parfois de ne plus la sentir du tout. Ou alors, ils l'expriment de façon inadéquate, sans contrôle, au point de s'autodétruire ou de violenter l'autre. Ils confondent la colère, qui est l'indicateur d'un préjudice - si quelqu'un me manque de respect, il est normal que je ressente de la colère, cela me prévient d'un abus et me donne le droit d'obtenir des excuses - et la violence, qui est une façon inadaptée de réagir au préjudice subi. La violence nous dépasse, elle est incontrôlable et dangereuse. La colère est légitime.

Certains substituent à la colère le fait de râler. *Un jour, une patiente m'a dit* [34]*: 'Je suis une râleuse, une furie, je râle tout le temps'. Je lui ai demandé si cela lui plaisait, elle a répondu que oui avec un grand sourire puis je lui ai demandé si cela la rendait heureuse, elle et son entourage, elle a avoué que non. Elle n'avait jamais osé rencontrer sa colère. Cette femme a alors fait un exercice qui consiste à être bien ancré sur ses pieds, les poings serrés à la hauteur de la taille et à dire non à la personne située en face d'elle. La patiente s'est montrée incapable de dire non sans jouer, sans sourire, elle avait une petite voix et n'était pas en contact avec son ventre et sa puissance.*

Râler est une réaction que la victime utilise à défaut de la colère pour exprimer ses frustrations. Au lieu de prendre en main ce qui doit être fait ou dit, au lieu de poser ses limites et faire une vraie demande, la personne

34. Martine.

se réduit à l'impuissance. Résultat : elle enquiquine son entourage (et cela peut lui donner un semblant de satisfaction) sans obtenir ce qu'elle veut. Voici un petit exercice de confirmation de la force du conditionnement… Pendant les dix prochaines secondes, ne pensez pas à un éléphant rose. Alors ? Eh oui, bien sûr, l'idée de l'éléphant rose s'impose à votre esprit ! Ce qui signifie que plutôt que de refuser ce qui s'impose, mieux vaut l'accepter. Et ce qui vaut pour l'éléphant rose vaut pour la colère, pour toutes nos émotions, aussi pénibles soient-elles…

Merci à notre tristesse qui nous indique que nous avons été touchés. Cette vulnérabilité nous rend plus humains ! Les larmes, comme les rires, se partagent. Cessez d'avoir honte de vos larmes, que vous soyez homme ou femme. Et si quelqu'un pleure, offrez-lui vos bras, il ou elle a juste besoin d'être consolée, les mots ne sont pas indispensables, votre compassion fera tout. La tristesse, comme la peur, n'est pas éternelle, c'est un souffle qui passe, parfois puissant, parfois léger. Il est parfois utile d'aller chercher un soutien pour aider à supporter la force de son passage. La tristesse provoque une sensation de contraction : pleurer restaure l'espace en soi. Tout ce qui contribue à réduire l'étroitesse ressentie et à favoriser l'expansion est bon pour nous. La joie est aussi un bon remède car elle « ouvre », physiquement et métaphysiquement.

Merci à notre joie qui nous indique que notre besoin est satisfait. Elle invite alors à partager et à construire un monde humain à partir du cœur et avec les autres. Elle est l'état vers lequel nous devrions tendre. Si vous n'êtes pas joyeux, interrogez-vous sur votre réalité affective, relationnelle, existentielle ou spirituelle... Il n'est pas naturel de vivre sans joie, efforcez-vous de retrouver votre vraie nature, quel que soit votre âge. Pour l'érudit Rabindranath Tagore, *La joie est partout. Elle est dans la couverture d'herbe verte de la terre, dans la sérénité bleue du ciel, dans l'exubérance agitée du printemps, dans l'abstinence silencieuse de l'hiver, dans la chair vivante qui anime notre corps, dans l'exercice de tous nos pouvoirs*[35].

La joie est un flot spontané qui surgit de l'intime, un flux vivant, vibrant. La rivière, en se rapprochant de l'océan, prend du volume et de la force, s'élargit en delta, fluides ramifications qui irriguent des bassins de vie entiers. Notre conscience, comme l'eau du fleuve, est un continuum fluide et éternel. Lorsqu'on choisit la joie, l'amour est la respiration de l'âme, on ne peut plus cesser d'aimer. Reconnaissez que vous êtes spirituellement affamé, que vous avez besoin de justesse et d'équité, que vous aspirez à une perception plus grande, plus belle. Vous êtes comme le cerf qui court après son propre musc, vous courez, vous courez alors que le musc que vous cherchez est dans votre ventre et dans votre cœur. Donnez-vous les moyens de voir et d'entendre cela chaque jour. Faites silence et regardez à l'intérieur de vous-mêmes une fois par jour. Ne vous accrochez pas

35. *Poèmes de Kabir*, Rabindranath Tagore, Gallimard, 1992.

aux choses, ni au passé. Faites le ménage, ouvrez les fenêtres, jetez, donnez, faites des feux de joie. Laissez la vie se renouveler d'elle-même dans sa générosité absolue.

La bientraitance commence de soi à soi. Peu importe la longueur de l'apprentissage ! Réjouissez-vous ! Le chemin à parcourir est plein de promesses. Allez ! Mettez la route sous vos pas…

Souris, la vie te sourira

Je connais un moyen de ne pas vieillir : c'est d'accueillir
les années comme elles viennent et avec le sourire…
Un sourire, c'est toujours jeune.

Pierre Dac

Comment maintenir la joie intérieure vibrante en soi ? Martin Seligman recommande, avant de se coucher, d'évoquer trois moments de bonheur éprouvés dans la journée[36]. Il ne s'agit pas de grands moments, mais de bons moments, la vue du soleil couchant (ou levant), un bon chocolat chaud pris en famille, ou au lit, une blague vraiment drôle d'un collègue, la perspective d'un week-end mérité, la chaleur du foyer où la soupe mijote après une dure journée de travail. Cet exercice de psychologie positive répété chaque soir a des effets

36. *S'épanouir, Pour un nouvel art du bonheur et du bien-être*, Belfond, Paris, 2012.

bénéfiques en termes d'énergie et de bonne humeur, de restauration de la paix en soi et de la joie. Pour le même Martin Seligman, *une vie heureuse est une vie à la fois agréable et remplie de sens, avec des relations et des connexions sociales (famille, amis, communauté) ; elle apporte un sentiment d'accomplissement (maîtrise, buts, succès).*

Se délasser dans chaque petit instant est délicieux et bien que l'on ait l'impression de ne rien faire de particulier, c'est dans ces moments de quiétude et de détente où l'on est pleinement réceptif à la vie et que l'on peut en saisir la magie. Apprendre à être heureux n'est pas forcément facile, mieux vaut en être conscient : cela évite le découragement. Cela peut même être joyeux de le savoir : la difficulté fait partie de l'expédition. Ainsi, bien ancré dans cette réalité, on peut gravir l'Everest en montant pas à pas et apprécier la beauté de notre randonnée.

Dans son best-seller *Les quatre accords toltèques, la voie de la liberté personnelle*[37], Miguel Ruiz propose quatre règles de vie comme le socle de cet apprentissage du bonheur, de la joie, du bien-être :

- **Que votre parole soit impeccable.** Il s'agit de parler avec intégrité, de ne dire que ce que vous pensez. N'utilisez jamais la parole contre vous ni contre les autres.

37. Les Toltèques ont vécu dans l'actuel Mexique entre les années 1000 et 1300. Ouvrage paru aux Éditions Jouvence, Saint-Julien en Genevois, 2005.

• **N'en faites jamais une affaire personnelle.** Ce que les autres disent et font n'a pas grand-chose à voir avec vous car c'est une projection de leur vision du monde. Si quelqu'un vous critique, cela relève de sa responsabilité et aucunement de la réalité. Il est donc inutile de vous attrister ou de vous mettre en colère.

• **Ne faites aucune supposition.** Si l'ami à qui vous avez laissé un message sur le répondeur ne vous rappelle pas, n'allez pas supposer qu'il fait la tête. Si cette négligence vous tourmente, à la première occasion, demandez-lui tranquillement ce qui s'est passé. Exprimez clairement vos désirs pour éviter tout malentendu inutile.

• **Enfin, faites toujours de votre mieux.**

Le sourire, comportement inné, est un langage en soi. Yves Duteil l'avait compris qui écrivait dans sa chanson *Les choses qu'on ne dit pas* : *Et c'est parfois dans un sourire que sont cachés les mots qu'on n'a jamais su dire*. Eh oui ! Le sourire crée automatiquement un lien avec celui à qui il s'adresse… à condition d'être sincère. Rien ne met autant mal à l'aise qu'un sourire plaqué, artificiel, de circonstance ! Comportement inné, ce mécanisme instinctif qui vient d'on ne sait où exprime le contentement d'être au monde, une sorte de jubilation offerte à l'autre, sans attente particulière. *Quelle chose merveilleuse que serait la société des hommes, si chacun mettait de son bois au feu, au lieu de pleurer sur des cendres !*[38]

---

38. Alain, *Propos sur le bonheur*, collection « Folio », Gallimard, Paris, 1985.

Le sourire du Bouddha, d'après Matthieu Ricard[39] est *l'expression d'un amour altruiste sans limites, fondé sur une juste connaissance de la nature des choses. Ce sourire reflète une bienveillance inconditionnelle, née du souhait que tous les êtres, sans exception, trouvent le bonheur et les causes du bonheur - sagesse, liberté intérieure et compassion - et soient libérés de la souffrance et de ses causes profondes : l'ignorance et les toxines mentales - haine, désir obsessionnel, arrogance, jalousie.*

Lors d'une rencontre dédicace, à la librairie Mille Pages de Vincennes, dans le Val-de-Marne, Léo Bormans, auteur de *Happiness, le grand livre du bonheur* et du *Love, le grand livre de l'amour*, invitait son public à faire l'exercice suivant : *fermez les yeux et souvenez-vous d'un moment heureux. Est-il cher ? (il ne doit pas l'être). Est-ce une surprise (cela doit être inhabituel) ? Ça se passe avec d'autres (oui) ? Vous recevez un signe d'appréciation (oui) ? Si vous avez quatre sur quatre au test, c'est un vrai moment de bonheur.*

Alors que nous savons tout cela, qu'un bon moment ne se monnaye pas, il nous arrive bien souvent de préférer ce qui est cher ; alors que nous savons que les surprises sont délicieuses, nous nous surprenons à nous voir enkystés dans des habitudes qui ne nous apportent rien de bon, de beau, de bien, d'enrichissant, comme d'allumer instinctivement le poste de télévision le soir, quel que soit le programme, y compris s'il n'y a rien de bien intéressant, plutôt que d'échanger avec

39. *Plaidoyer pour l'altruisme : la force de la bienveillance*, Nil, Paris, 2013.

son compagnon, sa compagne, son enfant, écouter de la bonne musique, appeler une personne chère ou tout simplement se relaxer. Alors que nous savons que partager avec autrui procure un immense plaisir, nous choisissons une captivité passive …

Il y a bien des manières de garder le sourire. Léo Bormans raconte qu'il a été émerveillé par un vendeur de fruits à Montparnasse qui ne vendait rien, mais qui semblait heureux et souriait tout le temps. Après l'avoir longuement observé, il lui a demandé ce qui le rendait si heureux en tentant de lui donner de l'argent, mais l'homme lui a répondu que les dix euros qu'il gagnait chaque jour étaient suffisants pour qu'il puisse vivre et pour qu'il puisse faire vivre sa famille restée dans son pays d'origine. Donner aux siens le remplissait de joie.

Aymeric participe aux séances du club de rire de Vincennes. Désireux de créer son propre club, il a suivi les enseignements de l'École internationale du rire et du bonheur et anime aujourd'hui une séance hebdomadaire dans son club de Villemomble, en Seine-Saint-Denis. Il a été sollicité pour coanimer avec Joëlle une séance de yoga du rire à la maison de retraite Les Vergers de Montreuil-sous-Bois, en Seine-Saint-Denis, à l'occasion de la Semaine bleue, la semaine nationale des retraités et des personnes âgées. Les participants sont venus nombreux, certains d'entre eux se déplaçaient avec difficulté. Monsieur Victor était même en fauteuil roulant.

Lors de la séance, j'ai été très touché par la bienveillance dont les personnes âgées ont fait preuve, d'une part vis-à-vis de nous, mais surtout entre elles, se souvient-il. *Elles étaient toujours prêtes à s'entraider si l'une d'elles était 'en difficulté' pendant un exercice, sans jamais porter de jugement. Leur capacité à ne pas se prendre au sérieux et à s'amuser spontanément m'a surpris. J'ai été également touché par le grand nombre de participants du club de rire de Vincennes qui avaient fait le déplacement pour nous soutenir dans la démarche, Joëlle et moi. On sentait chez tous une vraie envie de donner du bonheur.*

La fin de la séance a été un grand moment quand ils m'ont remercié avec beaucoup de sincérité qu'on leur ait consacré du temps (comme si on leur faisait un cadeau). Je n'avais pas envie de les quitter et j'adorerais pouvoir revivre de tels moments.

Paul, rieur régulier et adepte des séances du club de rire à Vincennes, était venu lui aussi à la Maison des Vergers. *Bien que les habitants de la maison de retraite soient assez âgés, et certains pas très mobiles, la séquence de jeu s'est déroulée comme au club, raconte-t-il. Ce qui m'a frappé, c'est le bonheur évident des participants, leurs rires quand nous nous montrons incapables de nous souvenir de dix prénoms de suite, quand nous essayons de danser, quand nous nous prenons dans les bras… Au niveau personnel, cela faisait beaucoup de bien de voir que les personnes âgées sont avant tout des personnes qui aiment rire, être touchées et rayonnent de chaleur humaine.*

J'ai été touchée par la facilité avec laquelle nos anciens expriment leur affection et leur reconnaissance[40]. Ils savent ce qui est bon et peuvent aller à l'essentiel lors d'un contact authentique avec quelqu'un qui leur veut du bien. Yvette, à la fin de la séance, m'a pris la main avec douceur et avec son regard bleu lavande, elle m'a dit : C'est bien ce que vous faites, continuez. Elle a vu et reçu ma bonté et ma joie et me les a renvoyées en miroir. Elle a désigné le lieu de ma force et a conforté le sens de mes choix et de mes actes, simplement par ce merci de cœur à cœur. Mais qui donne ? Qui reçoit ? L'énergie circule, tout simplement, et nourrit au moins deux personnes. Lorsque je remercie quelqu'un, je me sens une bonne personne, je grandis, je me sens digne. Oui, c'est cela : l'expression de la gratitude restaure la dignité de soi car reconnaître la beauté et la bonté autour de soi, c'est aussi parler de celles que l'on porte en soi. Il y a quelques jours, j'ai écrit une lettre de gratitude à ma mère qui a quatre-vingts ans. J'étais émue en l'écrivant, puis en la lisant à mon mari qui, à son tour, a été touché par la sincérité de mes mots. Enfin, après l'avoir lu à ma mère, j'ai su que j'avais fait à tous un cadeau extraordinaire. Depuis, je suis attentive à remercier la vie et les autres, juste pour le bonheur de le faire et aussi parce que j'ai appris l'impact considérable et bénéfique du pardon et du merci.

40. Martine.

La gratitude, un chemin

La gratitude est le paradis même.

Cicéron

Lors de ses recherches, le Dr Masaru Emoto [41] a remarqué que la vibration « gratitude » est celle qui est la plus puissante et a le plus d'influence. C'est pourquoi il suggère de développer deux fois plus de gratitude que d'amour pour un équilibre harmonieux. Il a photographié diverses eaux gelées, celles des villes, chargées de clore, qui ne formaient pas de cristaux et celles des montagnes dont les formes géométriques représentaient des flocons de neige. Il a fait plusieurs expériences. Dans l'une d'elles, l'eau face à laquelle on dit : « Tu es un imbécile » ne forme pas de cristaux. A contrario, l'eau à qui l'on envoie des mots d'amour et de gratitude forme des cristaux d'une forme hexagonale parfaite. Selon le Dr Masaru Emoto, la fréquence d'amour et de gratitude est présente dans toute la nature et l'eau reconnaît cette fréquence harmonieuse. Si cette assertion est vraie, sachant que nous sommes constitués à 70 % d'eau, il importe désormais de ne pas utiliser de termes irrespectueux et blessants pour éviter des transformations chimiques internes et externes à notre corps très préjudiciables. L'amour peut vaincre la négativité et donner vitalité au corps. Il est de toute façon indispensable

41. Les messages cachés de l'eau, éditions Guy Trédaniel, Paris, 2004.

de porter une attention respectueuse à l'eau qui nous environne et à celle que nous ingérons pour contribuer à un monde meilleur.

Éprouver gratitude et reconnaissance participe de la dynamique positive et pacifique. *Adieu,* dit le renard dans *Le petit prince* d'Antoine de Saint-Exupéry. *Voici mon secret. Il est très simple : on ne voit bien qu'avec le cœur. L'essentiel est invisible pour les yeux.* Exprimer sa gratitude, cela s'apprend. Pour cela, tenir un journal est un très bon exercice. Il peut s'agir d'un journal de gratitude dans lequel on écrit les expériences positives de la journée. Cela permet de renforcer la prise de conscience de ce qui contribue à notre bonheur. Il peut aussi s'agir de consigner les expériences difficiles, ce qui a pour effet premier d'augmenter notre niveau d'anxiété, avant de le faire chuter durablement : tenir un journal renforce l'immunité et améliore la sociabilité. Il semblerait que ses effets varient d'un sexe à l'autre, qu'ils sont plus perceptibles chez les hommes. Moins l'habitude d'exprimer leurs émotions, peut-être ?

N'en déplaise aux religions qui nous ont embastillés dans cette logique pour mieux nous asservir, l'humanité n'est pas destinée à souffrir. La nature profonde de l'être humain est une conscience qui aspire bien davantage au désir de satisfaction qu'à la souffrance. Diffuser, légitimer, partager l'aspiration au bonheur permettrait de reconnaître un concept fondamental : la réciprocité, propose Robert Misrahi dans un entretien accordé au journal en ligne *La Tribune*, en juin 2013.

S'ouvrir à l'autre conduit à de nouvelles perceptions et dimensions de soi, c'est l'autre et les autres qui contribuent à notre croissance. *On dit figurément que le cœur d'un homme sensible se dilate à mesure qu'il découvre le besoin que l'on a de ses secours, et cette expression peint une sensibilité bienfaisante qui s'étend sur tous les malheureux, qui donne des soins à tous,* nous dit le philosophe et fondateur du sensualisme Condillac. La joie nous rend généreux et c'est un cercle vertueux car le don et le partage mettent en joie. Je suis heureux, j'ai envie de partager ; je partage, ça me rend heureux. Il n'y a aucun effort à faire, tout cela est, naturellement, ou s'exhale, comme le parfum de la fleur. À propos de cercles vertueux, savez-vous pourquoi il y a des cercles vicieux ? Il semblerait que c'est parce qu'ils ne sont pas suffisamment caressés…

Mettre son orgueil de côté et… pardonner

Œil pour œil finit par rendre aveugle le monde entier.

Gandhi

Partager des émotions telles que la joie authentique nous rapproche les uns des autres et nous met en contact avec une bienheureuse authenticité. Le non-jugement, l'accueil de l'autre tel qu'il est, la bienveillance, sont de formidables barrières de protection contre l'orgueil, cette opinion un peu trop avantageuse qu'on a de soi-même. *Donne à l'autre ce que tu veux recevoir,* dit l'adage. C'est exactement l'inverse de ce que fait Christine, qui attend que son partenaire lui exprime ses sentiments et ses désirs. Elle est en mode « réception » mais ne prend pas la responsabilité d'exprimer les siens. Elle calcule qui doit faire le premier pas après une dispute, qui doit demander pardon en premier ou manifester des signes de tendresse. Elle répugne à dévoiler sa vulnérabilité et, de ce fait, s'éloigne de plus en plus des réponses dont elle a besoin. Au lieu d'un langage affectif commun, s'installent entre elle et son compagnon de petits bras de fer et des règlements de compte, source d'insatisfactions, de tensions et d'incompréhensions multiples. Ce qui peut aider Christine, c'est de se poser une question et une seule, et d'y répondre avec honnêteté : de quoi ai-je besoin ? Si la réponse est : faire l'amour, alors elle doit prendre la responsabilité de son désir et l'exprimer au lieu d'attendre que cette bonne idée vienne de l'autre ou se mette en place comme par enchantement. Si Christine n'honore pas ses élans, ses envies, ses passions, ses sentiments : la vérité est qu'elle ne s'aime pas assez. Privée de ce dont elle a réellement besoin, elle souffre et conclut que, décidément, son partenaire n'est pas à la hauteur de ses attentes.

Être attentif à ses propres besoins est le meilleur acte de santé qui soit : si j'ai besoin de respirer, le réflexe sain est d'ouvrir la fenêtre ou d'aller faire un tour dehors. Si j'ai besoin de tendresse, ouvrir le dialogue avec l'être aimé est la bonne solution. Cela suppose d'accueillir ses propres besoins en toute humilité, de faire une demande ajustée à laquelle l'autre est libre de répondre comme il le souhaite.

La faculté de pardonner est bonne pour la santé. Cela fait baisser le niveau de stress. Voici une expérience scientifique relatée dans *Psychological Science* en 2001 : *Des volontaires ont été mis en situation d'évoquer deux réactions opposées à la suite d'une agression, [...] d'imaginer d'abord rancune et vengeance. Les électrocardiogrammes et les mesures physiologiques ont démontré une élévation du rythme cardiaque et de la pression artérielle. Puis, [...] ils ont été conviés [...] à songer à l'agresseur avec humanité et compréhension, ils étaient invités à pardonner. Les mesures effectuées ont démontré que le stress physiologique s'abaissait alors immédiatement et que le rythme cardiaque se ralentissait. Le pardon est donc bon pour la santé*[42].

Alice Herz Sommer a 108 ans. Rescapée de l'Holocauste, elle accorde une interview à Anthony Robbins que l'on peut visionner sur le site You Tube[43].

Toute sa famille est envoyée en camp de concentration où elle est exterminée. Elle seule survit, avec son fils : les nazis, qui voulaient faire un film de propagande, avaient besoin de ses talents de pianiste. Elle explique qu'elle n'a

42. *Granting forgiveness or harboring grudges*, de C.V.O. Witvliet et al.
43. http://www.youtube.com/watch?v=OB-lUg_TshU.

jamais éprouvé aucun sentiment de haine par rapport à ce qu'elle a vécu : *Je sais que le mauvais existe, mais je regarde les bonnes choses. Mon fils avait cinq ans et demi quand nous sommes arrivés dans le camp de concentration dans lequel nous avons vécu deux ans. Il me demandait parfois : 'Maman, pourquoi est-ce qu'on n'a rien à manger ?' Je ne savais pas quoi lui répondre. C'est la musique qui nous a gardés en vie. Je riais tout le temps, tous les jours, ma musique me rendait heureuse. Je me disais que tant qu'on pouvait jouer, rien de si terrible ne pouvait nous arriver. Comment un enfant peut-il s'empêcher de rire quand il voit sa mère en train de rire ? Quand un enfant est près de sa mère, n'importe quoi peut arriver, il n'a pas peur. Il se sent en sécurité. Nous étions reconnaissants pour tout : être en bonne santé, ne pas avoir été pendus, voir le soleil, recevoir un sourire, les paroles gentilles de quelqu'un.*

Mais l'injustice peut aussi réveiller une saine colère qui donne envie de (se) défendre et de (se) porter secours. C'est une bonne chose que l'injustice nous fasse frémir et réagir, elle permet ainsi d'être à l'origine de nobles combats. Poser des actes justes procure un sentiment de paix et de joie et donne une sensation de congruence. Marc en sait quelque chose. C'est un jeune papa heureux, sa fille adorée a trois ans lorsqu'elle se fait faucher par une voiture et décède. *Je me souviens de la douleur insoutenable de cet homme à qui nous tentions d'apporter du réconfort*[44]. *Des mois après l'accident, il était toujours très en colère et désirait venger la mort de son enfant. Il envoyait au*

44. Martine.

diable quiconque lui parlait de pardonner à l'automobiliste qui était lui aussi dévasté par le drame. Il a fallu à ce père de famille désespéré beaucoup de temps pour trouver le chemin du pardon et retrouver la paix. Au cœur de sa douleur, il était absent à son deuxième enfant et à sa femme ainsi qu'à l'ensemble de son entourage. C'est en pardonnant qu'il a pu lâcher sa souffrance et retrouver l'amour des siens, de ceux qui étaient à ses côtés. Il s'est redonné à lui-même le droit de vivre.

Au moment où nous écrivons cet ouvrage, Nelson Mandela, premier président noir de la « nation arc-en-ciel », de 1994 à 1999, nous a quittés. Comment ne pas rendre hommage à celui qui fut *l'icône mondiale de la réconciliation*, comme aimait le nommer son ami l'archevêque Desmond Tutu ? Chef de file de la lutte des Noirs contre l'apartheid, Nelson Mandela a passé vingt-sept ans à la prison de Robben Island au cours desquelles il n'a jamais lâché sa foi en la justice, ni en sa conviction de réussir ce pour quoi il s'était engagé : mettre un terme à la ségrégation raciale qui sévissait dans son pays et redonner aux Noirs sud africains toute leur dignité. Au cours de son procès, il avait déclaré : *Mon idéal le plus cher a été celui d'une société libre et démocratique dans laquelle tous vivraient en harmonie avec des chances égales. J'espère vivre assez longtemps pour l'atteindre. Mais si cela est nécessaire, c'est un idéal pour lequel je suis prêt à mourir.*

Libéré, il a aussitôt prôné le pardon et la réconciliation nationale, ce qui lui a valu le prix Nobel de la paix en

1993, partagé avec le dernier président de l'apartheid, Frederik De Klerk.

L'éducation à la joie

L'école devrait toujours avoir pour but de donner à ses élèves une personnalité harmonieuse et pas celui d'en faire des spécialistes.

Albert Einstein

Selon l'échelle de stress de Holmes et Rahe, les trois plus grands facteurs de stress dans une vie humaine sont : le deuil, le divorce et la prison. Et les plus grands motifs de satisfaction seraient : la vie de couple, la vie sociale avec les amis et... l'éducation des enfants.

Faites le test. Interrogez votre entourage. Les uns et les autres, quasi unanimement, vous dirons que ce à quoi ils aspirent pour leurs enfants, c'est moins la santé, la réussite, l'aisance matérielle, l'amour que... le bonheur, bien sûr ! Car pourquoi vouloir la réussite, l'aisance matérielle ou l'amour si ce n'est pour être heureux ? Mais comment accéder au bonheur ? Nous avons une suggestion : s'émerveiller, s'amuser, prendre plaisir le plus souvent possible. C'est-à-dire entretenir la joie de vivre. L'amour inconditionnel de la vie : voilà ce qu'il faudrait enseigner aux enfants au même titre que les maths, la physique et l'éducation physique. Oubliez les :

On n'est pas là pour rigoler ; pour y arriver, il faut en baver. La joie de vivre est une philosophie de vie qui n'est pas remise en question par des moments de tristesse ou de mal-être. Expliquer à l'enfant qu'on ne se sent pas très bien, ponctuellement, c'est l'autoriser en toute sérénité à être tantôt gai, tantôt triste, sans jamais perdre de vue sa joie de vivre.

Quand les enfants partent à l'école le matin, plutôt que : « Travaille bien ! », on pourrait leur dire : « Amuse-toi bien ! » Il est plus facile d'apprendre et de retenir les apprentissages en jouant qu'en s'ennuyant ! Ne vous moquez pas d'eux, bannissez l'ironie facile mais blessante. L'éducation a souvent pour habitude de pointer le défaut, ce qui rend à terme les gens timorés et anxieux : ils n'osent plus, de peur de se tromper : *Je ne pense pas que les élèves français aient le gosier réfractaire à l'apprentissage des langues*[45]*. Je crois plutôt que l'école, en France, privilégie la perfection et un enseignement où l'on souligne toujours et tout de suite les fautes. En Allemagne, les jeunes sont invités à parler la langue étrangère qu'ils apprennent le plus vite possible, à utiliser le peu vocabulaire qu'ils possèdent et à échanger avec le professeur. Ils acquièrent ainsi de l'aisance et de la confiance en eux alors qu'en France, la plupart des enfants n'osent pas lever la main.* »

Riez avec vos enfants à gorge déployée, riez et réjouissez-vous avec eux… maintenant ! Répétez-leur qu'ils

45. Joëlle.

ont les moyens d'aller dans le sens de leurs désirs. Nous aimons bien la théorie du philosophe Edgar Morin, partisan d'un enseignement à la compréhension humaine, d'une éducation à la civilisation : il prône une vision de l'élève qui serait en relation avec l'univers qui l'entoure et auquel il participe. Il revendique une école où l'on enseigne comment affronter l'incertitude, comment vivre dans son époque, une école qui valorise les passions. Il appelle de ses vœux une redécouverte humaniste des valeurs du monde entier.

Souhaitons que dans les écoles de demain se développe l'éducation positive pour aider les enfants à se sentir heureux. Car l'éducation se fait dans les deux sens : des parents heureux aident leurs enfants à s'épanouir et des enfants rieurs peuvent faire l'éducation au bonheur de leurs géniteurs ! Nous faisons parfois subir aux enfants la pression et le contrôle que nous subissons nous-mêmes. Nous sommes capables de transférer nos attentes de réussite parfois très tôt, dès l'école maternelle. Nombreux sont ceux d'entre nous qui ont été élevés dans l'idée que de bonnes études et d'excellents résultats scolaires permettent d'exercer un « bon » métier, de gagner beaucoup d'argent. Alors, à notre tour, nous transférons cette croyance à nos enfants. Plus tard, au lycée, la pression pour réussir le bac est énorme. Elle commence dès la classe de seconde. En France, nous associons souvent le travail à la souffrance, ce qui est logique, somme toute, puisque l'étymologie du mot travail, c'est *tripalium*, qui veut dire torture. Dans l'inconscient collectif, avouons-le, un travail sans difficultés, sans efforts ou sans peine ne vaut pas vraiment le qualificatif de travail.

Dans *Apprendre autrement avec l'éducation positive*[46], Audrey Akoun et Isabelle Pailleau nous rappellent l'importance capitale du cœur et des émotions positives dans l'apprentissage. Valoriser l'enfant, le féliciter, est essentiel pour lui permettre d'acquérir la confiance en soi. Lui apprendre à se déstresser, à se relaxer, lui donner des temps de repos et de récréations participent aussi de son bon développement.

Depuis longtemps déjà, certains professeurs-chercheurs s'essayent à des pédagogies différentes qui valorisent l'autonomie des enfants et où l'autorité des enseignants reste bienveillante, attentive aux rythmes et aux besoins des élèves, lesquels, quel que soit le contexte culturel et social dans lequel ils évoluent, sont perçus comme des personnes dignes d'intérêt parce qu'ils sont les garants de l'avenir de l'humanité. Selon ces professeurs-chercheurs d'un genre nouveau, il s'agit moins d'évaluer par des notes les résultats de l'élève que de veiller à l'épanouissement de celui-ci grâce à un équilibre entre activités cognitives, sportives, artistiques et techniques. La dimension spirituelle de l'individu en devenir est respectée.

46. Eyrolles, Paris, 2013.

Soulignons également l'existence d'écoles à la pédagogie spécifique. Elles s'appuient sur l'expression libre des enfants ou le travail coopératif. Dans ces établissements scolaires d'un genre particulier, le maître ne détient pas le pouvoir exclusif afin de permettre l'épanouissement, l'émancipation des enfants et le développement de leur esprit critique. Leur but, c'est de transmettre avant tout la curiosité intellectuelle, le goût d'apprendre qui restera si précieux tout au long de la vie. Il est important que les enfants puissent s'engager et participer, donner leur avis, prendre des décisions qui concernent la collectivité scolaire et qu'ils ne se contentent pas de subir d'en-haut des décisions, justes probablement, mais contraignantes, sûrement. Enfin, ces écoles ont l'ambition de permettre à chaque enfant de comprendre où sont ses facultés et ses dispositions et de l'aider à aller plus loin dans ses aspirations naturelles. Combien d'élèves s'inscrivent après l'obtention de leur baccalauréat dans des universités pour apprendre des disciplines qu'ils n'ont pas vraiment choisies mais dont leur entourage a dit que *ça valait le coup* ? S'investir intellectuellement, c'est important, mais cela ne fait pas tout. Valoriser ses propres aptitudes, suivre son besoin et ses envies est indispensable pour se réaliser. *Imaginez des professeurs qui ne crieraient pas contre les élèves dont les résultats sont médiocres, des professeurs qui ne diraient pas, comme cela m'a un jour été raconté*[47] : *'J'avais décidé de corriger vos copies dans l'avion, en revenant de Grèce. Je suis arrivée à la copie d'Anaïs.*

47. Joëlle.

Elle était tellement nulle, tellement décourageante, j'ai été tellement dégoûtée que je n'ai pas pu corriger les copies des autres élèves de la classe...' Imaginez des professeurs qui apprendraient à leurs élèves... à prendre plaisir à apprendre. Des professeurs qui encourageraient les jeunes : *Pierre, tu as eu 4. Je te propose, la prochaine fois, de dépasser ton score.* Et, la fois d'après : *Pierre, tu as eu 6. Félicitations. Tu progresses. Tu es sur la bonne voie. Continue. Je reste à tes côtés pour t'aider à progresser...*

Les Scandinaves ont compris cela depuis longtemps : en Suède, en Norvège, en Islande, au Danemark et en Finlande, de 7 à 16 ans, le redoublement n'existe pas. Leur modèle éducatif part du principe que chaque enfant est unique et qu'il faut respecter ses rythmes d'apprentissage : la relation avec l'enseignant n'est pas fondée sur l'autorité. Le système d'évaluation n'est pas pénalisant, les notes sont presque absentes, l'auto-évaluation est pratiquée, l'inspection est inexistante et les enseignants reçoivent régulièrement des formations. Dans les pays latins, en France, en Espagne, en Italie et en Grèce, c'est le système d'évaluation des connaissances qui est privilégié : l'école est un lieu où l'on apprend la compétition. L'hygiène émotionnelle n'est pas enseignée, les enfants apprennent donc à ne pas ressentir leurs émotions, ni à les exprimer, ni à trouver les réponses adéquates qu'elles soulèvent. On éduque leur esprit sans prendre le temps de leur permettre de découvrir leurs aptitudes et leurs points forts. L'enthousiasme n'est pas valorisé.

Un vaste chantier, passionnant, s'offre aux pédagogues de bonne volonté.

En conclusion, voici une jolie histoire éducative. Lors d'une émission télévisée[48], la grande navigatrice française Isabelle Autissier répondait à des étudiants qui s'inquiétaient de leur avenir et lui demandaient quel était le secret de sa réussite. Elle a répondu : *Je ne sais pas si j'ai réussi, mais en tout cas, j'ai essayé.* Isabelle Autissier était toute jeunette quand elle a décidé d'être marin. Cela en a fait sourire plus d'un, vu qu'elle habitait… Saint-Maur, dans le 94, en pleine région parisienne ! Elle a fait son premier tour du monde en solitaire à 35 ans.

Tout ce que j'ai fait et appris avant de devenir navigatrice m'a servi et a renforcé ma détermination à exercer ce métier, a-t-elle ajouté. *C'est une telle joie de faire ce que l'on a toujours désiré…*

Mais quand vous venez de passer trois mois seule en mer, cela doit être difficile pour vous de revenir à terre ? lui a demandé un jeune.

Détrompez-vous, a-t-elle répondu. *Dans un tour du monde en solitaire, pendant près de cent jours et cent nuits, vous n'avez que vous-même et l'immensité de l'eau, parfois déchaînée pour toute compagnie. Alors, prendre un être humain dans mes bras*

48. Master class, France 4. Invités : Isabelle Autissier, Eric Dupond-Moretti et Gad Elmaleh (août 2013).

quand je débarque, c'est un vrai délice. Et si vous saviez, depuis que je navigue, comme les relations humaines me paraissent simples, faciles et agréables…

Autrement dit, quand vous être en mer, vous vous réjouissez, et quand vous êtes à terre aussi ? a résumé un participant.

C'est exactement ça ! a confirmé Isabelle Autissier.

Oser croire en soi

Visez toujours la lune. Même si vous la manquez,
vous atterrirez parmi les étoiles.

Les Brown

Quoi de mieux, pour entrer en concordance avec soi-même que de composer un livre répertoriant vos recettes de bonheur ? Il serait créatif, inédit, ne ressemblerait qu'à vous et serait formidablement efficace en cas de besoin. Il relaterait vos exploits pour booster votre moral en cas de chute d'estime de soi, mettrait en valeur vos aspirations et vos rêves, serait comme une malle magique contenant tous vos trucs à vous, ceux qui vous donnent la pêche et vous rendent heureux. Le livre que vous allez créer empêchera votre amnésie passagère de vous terrasser : il sera là pour vous rappeler tous les possibles et tous les déclics qui vous remettront sur pied en un rien de temps. Dans *Le sel de la vie*[49], l'ancienne professeur de sciences sociales au Collège de France, Françoise Héritier, rappelle *qu'il y a une forme de légèreté et de grâce dans le simple fait d'exister.* Parlant de *ce petit plus qui nous est donné à tous, le sel de la vie,* elle énumère en 80 pages, une longue liste de ce qu'elle appelle joliment *une fantaisie, sorte de poème en prose en hommage à la vie. Il s'agit de sensations, de perceptions, d'émotions, de petits plaisirs, de grandes joies (...) moments lumineux de l'existence.* Laissez-vous tenter et écrivez, vous aussi, quel est le sel de votre vie. Vous pouvez commencer ce joyeux exercice par l'anaphore [50]: *J'ai eu de la chance...* Ou bien par l'anaphore : *Ce que j'aime dans la vie, c'est...* Puis laissez les associations d'idées se faire, lâchez prise sur le contrôle et vous verrez défiler sur votre feuille de papier des fous rires oubliés, des verres et des chagrins partagés, la réussite d'une mayonnaise. Vous verrez ressurgir des mots oubliés qui fondent en bouche et dodelinent sous la plume : dodu, marmelade, cheptel, azur.... Vous vous souviendrez de cet homme qui s'est arrêté alors que vous pleuriez dans la rue pour vous demander avec sollicitude s'il pouvait faire quelque chose pour vous, de la pluie qui court en zigzag sur la vitre, un soir d'automne, du givre sur les branches de l'arbre, au cœur du mois de janvier, du soupir béat du chien sur le tapis... *En ce qui*

49. Publié chez Odile Jacob, Paris, 2012.
50. L'anaphore est cette figure de style qui consiste à commencer chaque phrase ou chaque paragraphe d'un texte par la même assertion. Une anaphore célèbre est le « *J'accuse !* » de Zola.

me concerne j'adore le jour de l'an[51]*. Vous sortez dans la rue et tout le monde vous salue : 'Bonne année ! Meilleurs vœux !' C'est un moment de grâce.* Essayez, vous verrez. La joie est au bout de la plume… maintenant !

Combien d'entre nous se sont sentis vaincus par le manque d'audace ? Des mots que l'on aimerait dire, des choix que l'on voudrait faire et puis… rien, parce que l'estime de soi, la confiance en soi ne sont pas au rendez-vous. Selon *l'Observatoire des inégalités,* à l'université, en licence, la part des enfants d'ouvriers et d'employés est de 26,6 %. En master, leur part baisse à 17,4 % et en doctorat à 12,1 %. *Odette Roux, résistante, membre du parti communiste, fut la première femme, en 1945, à l'âge de 28 ans, à devenir maire, aux Sables-d'Olonne (Vendée),* écrit le journal *Le Monde* dans son édition du 21 mars 2014. Près de soixante-dix ans plus tard, l'issue des élections municipales montre que seules 14 % des villes de France sont dirigées par une femme. Beaucoup d'encre coule pour expliquer les raisons de ces inégalités sociales, peu de spécialistes mettent en avant le facteur « estime de soi ». Et pourtant… Émile Zola a écrit durant des années, pauvre parmi les pauvres, jusqu'à ce que le succès arrive, en partie grâce à une femme extraordinaire : la sienne. Dans *Madame Zola*[52], la très intéressante biographie d'Évelyne Bloch-Dano, on peut lire ceci : *En 1861, il touche le fond de la misère : un garni ignoble au 11 de*

51. Joëlle.
52. Publié au Livre de poche, Paris, 2002.

la rue Soufflot (...). Au menu, du pain et du café ; ou du pain et deux sous de pomme. Il lui arrive de rester au lit parce qu'il a engagé au mont-de-piété son seul pantalon. En mars 1864, quand Gabrielle le rencontre, il n'a encore rien publié (...) Il travaille à son recueil Contes à Ninon, *en attendant une gloire littéraire dont il ne doute pas.*

De l'autre côté de l'Atlantique, à la fin du XIXe, Jack London vit une enfance misérable et est contraint d'exercer de nombreux métiers pour survivre : balayeur de jardins publics, menuisier, agriculteur, éleveur de poulets, matelot, chercheur d'or... Il fait son éducation tout seul, en lisant énormément. Et la légende raconte que la source de son aspiration à devenir écrivain lui est venue en lisant *Signa* de la romancière anglaise Ouida : l'histoire d'un enfant de ferme italien sans éducation qui devient un célèbre compositeur d'opéra. Il a dix ans, en tout cas, quand il commence à devenir un lecteur assidu de la bibliothèque publique d'Oakland, dix-huit quand il publie son premier texte...

Lorsque Martine avait vingt ans, elle pratiquait le travail du clown à l'ENSATT[53], dite l'École de la rue Blanche. *À l'époque, il m'était difficile de contacter ma vulnérabilité, je préférais avoir l'air forte et sublime (tant qu'à faire !). Mais cela ne fonctionne pas ainsi : travailler sur son clown intérieur nécessite d'oser le bide, le flop. C'est lorsque l'on est à terre que l'on devient drôle et touchant pour le spectateur.*

53. *École nationale supérieure des arts et techniques du théâtre.*

Je n'ai connu le bonheur d'être clown et drôle sur scène que plusieurs années plus tard, lors d'un stage avec le Bataclown. Imaginez que vous êtes en train de vouloir faire une action (pour le clown, monter dans une calèche), que vous n'y arrivez pas, qu'il vous arrive toutes sortes de catastrophes (le cheval se couche par terre, les quatre roues s'affaissent en même temps). Plus vous tentez de vous en sortir sans y arriver, plus le public rit. Ce rire n'est pas contre vous, c'est un rire de connivence : le public s'identifie au clown qui galère et s'amuse de voir toutes les ressources qu'il met en œuvre pour s'en sortir. Cette complicité est délicieuse, le fait de tomber et de tenter malgré tout de se relever est à la fois drôle et touchante. Tout comme nous sommes touchants lorsque nous tentons de vivre en essayant différentes options. Nul n'est ridicule lorsqu'il ose ; il devient au contraire sympathique. A contrario, celui qui redoute de trébucher et reste sur son quant-à-soi ne se rend pas accessible, il donne une sensation de vanité, de rigidité. Le chemin du clown est une bonne voie, une voie vers la joie, osez-la si elle vous tente pour regarder et mettre en jeu toutes vos facettes, les plus magnifiques et les moins reluisantes… qui font aussi partie de votre humanité.

Souvent, ceux qui n'osent pas être eux-mêmes à l'âge adulte se donnent de mauvaises excuses : *Lorsque j'étais enfant, il m'est arrivé ceci ou cela, donc…* Il faut savoir que personne ne sort tout à fait indemne de l'enfance. À minima, nous nous détournons de la fraîcheur, des rêves, des illusions et de l'innocence de cette époque. La bonne nouvelle, c'est que le passé… c'est le passé ! Il est temps de tourner la page et de se dire que la fraîcheur, les rêves, la paix, l'innocence et la joie sont toujours en nous (laissons les illusions de côté, un peu de réalisme ne nuit pas à la croissance) : imaginez une source oubliée qui a gardé toute sa pureté, vous pouvez partir à sa recherche. Soyez certain que les retrouvailles seront émouvantes. *Fais de ta vie un rêve et d'un rêve, une réalité,* écrit Saint-Exupéry dans *Le petit prince*. Quel défi magnifique ! Quelle perspective agréable !

Vous êtes unique. N'essayez pas de changer les autres, chargez-vous de votre propre évolution, le plus positivement possible. Et savourez l'existence avec votre singularité. Vous êtes différent et votre différence, votre « exceptionnalité », est une chance. Ne la gâchez pas en essayant de ressembler à quelqu'un d'autre. Marchez avec grâce sur le sable et laissez-y votre empreinte éphémère. Faites ce qui vous rend heureux, vous serez excellent, et vous inspirerez votre entourage. En respirant, on ne prend l'air de personne : il y en a assez pour tous ; être soi-même et heureux non seulement n'enlève rien aux autres, mais leur procure beaucoup. Autorisez-vous le bien-être et la joie de vivre : cela engendrera un cercle vertueux. Incarnez le paradis et l'enfer disparaîtra.

Oser la gentillesse

La gentillesse est une qualité de l'intelligence.
Voltaire

Célébrée le 13 novembre, la Journée de la gentillesse est là pour rappeler que cette qualité n'a que des vertus cardinales. Les militants associatifs, les femmes et les hommes politiques sincères, les parents dévoués, les bénévoles d'une journée ou d'une année pour une action ou une initiative charitable, les donateurs de fonds pour une bonne cause en savent quelque chose. Tous connaissent ce sentiment de bonheur qui consiste à se sentir investis d'abord et avant tout pour les autres.

Rendre service, lorsque cela est possible, répondre présent pour un coup de main - avec le sourire -, faire preuve de compassion devant la détresse d'autrui construisent des liens très solides, sans parler du plaisir que procure le contact direct, un sourire, une poignée de main, une accolade et le travail au coude à coude, en discutant. Aller vers autrui est simple comme bonjour : *Se soucier des autres,* nous disait Rousseau, *est ce qui nous rend pleinement humains.*

Emmanuel Jaffelin, auteur de *Petit éloge de la gentillesse*[54], retrace l'histoire de ce mot : *À l'origine, le* « genti-

54. Publié chez François Bourin éditeur, Paris, 2011.

lis » *signifiait en latin le patricien, ce noble issu des cent familles qui fondèrent Rome. Le christianisme inversera le sens de ce mot en désignant par* « *gentil* » *celui qui ne croit pas en Dieu. À la Renaissance, Guillaume Budé forgera le mot* « *gentilhomme* » *pour retrouver le sens romain de la noblesse et redorer le blason de l'aristocratie française en oubliant le sens péjoratif que le christianisme aura donné au* « gentilis ».

Ne soyez pas moins gentils, mais plus affirmés, propose de son côté Christophe André, lors d'une interview en 2011 pour le magazine *Psychologies. Je tente d'offrir le maximum possible de gentillesse à mes patients, surtout aux nouveaux, à ceux qui arrivent plein de peurs et de honte. Ma spiritualité bicéphale - christianisme et bouddhisme - me rappelle chaque jour la force de la douceur et de la compassion : la gentillesse est un don, sans conditions et sans attentes.* Être gentil ne veut pas dire se laisser marcher sur les pieds, être naïf, ni dire oui à tout. La gentillesse vient d'un « bon cœur » et ceux qui le possèdent, loin d'être des imbéciles, sont au contraire en possession d'un trésor : l'intelligence du cœur. Christophe André s'exprime sur ce qu'il perçoit comme une chance : *Chaque jour, je m'applique donc à une gentillesse joyeuse. Je suis moins souvent que jadis dans la gentillesse 'aimez-moi', davantage dans la gentillesse ' je vous aime et j'aime la vie'. Être gentil me rend heureux. Et être heureux me rend gentil.*

Voici un exemple de gentillesse sociale et solidaire étonnant et émouvant : autrefois, dans la tribu Babemba, en Afrique du Sud, quand une personne était accusée d'avoir commis un acte délictueux, elle était placée dans le centre du village, seule et sans entraves. Tous les villageois se rassemblaient en un grand cercle autour de l'accusé et chacun à son tour énumérait ses qualités et ses bonnes actions. La cérémonie ne prenait fin que lorsque la tribu était à court de commentaire positif. À ce moment-là, le cercle tribal se cassait et une grande fête était organisée au cours de laquelle la personne accusée était symboliquement réintégrée au sein de la communauté.

La gentillesse est une très belle alternative à l'individualisme. *Je suis au restaurant avec trois amis au restaurant et le serveur est particulièrement désagréable*[55]. *Comme cela ne nous arrange pas de changer de lieu, nous relevons le défi de faire sourire cet homme. À dire vrai, nous n'étions pas trop de quatre pour cette mission : il était particulièrement soucieux, fatigué, énervé. Son stress, pour qui était zen, faisait peine à voir et on ne pouvait pas s'empêcher de penser : 'Mais pourquoi se met-il dans cet état-là ? C'est si facile de voir comment le piège du faire et du faire vite peut éloigner quelqu'un du bien-être. Nous avons alterné courtoisie, gentillesse et humour pour créer un contact authentique avec lui. À la fin, il nous a avoué : J'en ai marre de ce boulot, personne ne me voit, je suis transparent.*

Derrière un visage fermé, il y a toujours de la souffrance. Celui qui prend conscience de ce qui le fait souffrir fait un grand pas car il peut chercher puis trouver

55. Martine.

les remèdes qui lui conviendront. Se sentir transparent ne peut pas rendre heureux, chacun a besoin de trouver sa place et son rayonnement dans le monde, chacun a besoin de partager sur la base de ses forces et de ses talents. Partager à partir de ce qui nous rend heureux permet de mettre en place un cercle vertueux : en nourrissant le bonheur, on lui permet de grandir. Pour Jeff Rockwell, ostéopathe, les symptômes de la joie de vivre s'expriment par des pertes, perte de la tendance à se juger soi-même ou à juger les autres, perte d'intérêts pour les conflits, perte de toute disposition à l'inquiétude, mais aussi par la tendance à penser et à agir spontanément plutôt que sur la base des peurs acquises de l'expérience passée ; par la capacité à profiter du moment présent, par la valorisation, le sentiment heureux de communication avec les autres et la nature ; par des sourires avec les yeux du cœur et par une sensibilité accrue à l'amour, qu'il soit reçu ou offert. Si vous manifestez ces symptômes, votre joie de vivre est si avancée qu'elle est irréversible.

Aujourd'hui, les deux milliards de jeunes qui ont grandi avec Internet se sentent concernés par le sort des personnes vulnérables et celui de la planète. Ils s'engagent plus volontiers dans l'action collective et la collectivité que leurs aînés. Les chasseurs de tendance surnomment cette génération la « Génération G », pour « générosité », ou « gentillesse »…

Des jeux et des récompenses

Le jeu, c'est tout ce qu'on fait sans y être obligé.

Mark Twain

Quoi de mieux que le jeu pour se divertir, pour se faire plaisir, pour se mettre en joie ? Le jeu est un formidable espace de liberté, alors pourquoi ne pas transformer notre vie en terrain de jeu ? Cela nous permettrait de nous offrir des heures et des heures, des jours et des jours, des années et des années de divertissement. Rappelez-vous quand vous étiez enfant, jouant à cache-cache, ressentez le plaisir de vous dérober à la vue de l'autre, puis vos cris de joie lorsqu'il vous découvre et vous attrape ou à l'inverse, vous partez explorer le grand jardin pour retrouver la seule personne qui compte, vous mobilisez toute votre attention et soudain, vous captez sa présence, un son, un souffle, une odeur, un geste… Ça y est, un tissu qui dépasse, elle est là, à votre merci, effarouchée et radieuse. Les cris joyeux fusent et les corps courent, s'attrapent et s'agrippent. Le jeu ! Qu'en est-il du jeu dans nos vies d'adultes. Sommes-nous ludiques ou routiniers ?

Toute activité humaine peut devenir un jeu où il ne s'agit ni de gagner, ni de perdre, mais juste de s'amuser. Et inutile d'objecter que ce n'est pas toujours si simple, qu'au travail, il y a le stress, les obligations de résultat, les réunions ennuyeuses, les chefs pas toujours à la hauteur… Qu'à la maison, il faut laver, ranger, faire les courses, les lits, préparer les repas, débarrasser la table, arroser les plantes, descendre la poubelle, lancer les tournées de linge… Qu'une rage de dents ou la poussée de fièvre du petit dernier n'a rien de réjouissant. Que les factures arrivent, qu'il faut les payer. Que… Que… Tout cela est absolument vrai. Il faut s'atteler aux corvées du quotidien, s'adapter aux contraintes du milieu professionnel, gérer le stress. Ce qui n'exclut en rien le jeu ! Bien au contraire… Avant de retrousser vos manches, pour quoi que ce soit, souriez ! *Cirer le parquet n'est pas exactement ce que je préfère dans la vie*[56]*. En revanche, j'adore la salsa. Alors, quand l'heure de la corvée a sonné, je mets un disque de Jimmy Bosch ou de Gonzalo Rubalcaba, un chiffon sous chaque pied et hop ! Tcha, tcha, cha sur le plancher !*

En attendant votre tour chez le médecin ou chez le dentiste, choisissez un article de magazine rigolo, faites un sudoku, des mots-croisés… Amusez-vous. Les gens disent : *Si tu crois que j'ai le cœur à m'amuser…* Mais justement, si vous vous forcez un peu à vous amuser, « votre cœur » sera soulagé de la peine ou de l'angoisse qui l'accable. Au bureau, si vous souhaitez faire une petite pause ou dérider votre collègue, vous pouvez toujours lui demander s'il arrive à sourire uniquement avec la lèvre supérieure… Jouer avec d'autres procure de la joie, les rires jaillissent spontanément. Dans le métro ou dans le train, pour changer de la console (de jeux), vous pouvez

56. Joëlle.

proposer à votre enfant les jeux suivants : avec la main droite, je fais une croix, avec la main gauche, je dessine un cercle ou bien « Je te tiens tu me tiens, par la barbichette, le premier qui rira aura une tapette », ou bien « ni oui, ni non », ou bien « Jacques a dit… » Rires garantis ! Les enfants aiment et ont besoin de jouer. Et pourquoi pas les enfants qui sommeillent au fond de chaque adulte que nous sommes devenus ? Il est triste de vieillir sans tenir la main de son enfant intérieur, car c'est lui, instance bien vivante en nous, qui sait comment se mettre en mouvement vers la réjouissance. Le jeu transforme ce qui paraît ennuyeux en divertissement et grâce au plaisir qu'il procure, il atténue le déplaisir induit par la contrainte lors des apprentissages (excellent à l'école !). Il permet de se concentrer, de soutenir l'attention, de se motiver et de respecter certaines règles, puisqu'elles sont amusantes. Les jeux collectifs, avec leur objectif commun à réaliser en groupe, permettent de développer les bonnes stratégies pour travailler en équipe et avec plaisir, de réfléchir avant d'agir, de partager les informations, de coopérer pour atteindre ces objectifs en aidant ceux qui y arrivent le moins, de valoriser les compétences, d'encadrer les impulsions… Les jeux de rôles permettent de mettre en scène des sujets graves de la réalité quotidienne en les dédramatisant.

Les récompenses aussi ont leur utilité. À l'occasion de la prochaine nouvelle année, une fois listées vos bonnes résolutions, dites-vous bien que c'est moins la volonté que le plaisir qui vous permettra de les tenir. Oui, mais j'ai décidé d'arrêter de fumer, objecterez-vous : alors, comment mettre du plaisir dans la gestion du manque ? Eh bien, vous pouvez peut-être vous offrir une récompense pour chaque journée sans tabac. La perspective de recevoir un cadeau vous aidera à tenir une journée supplémentaire…

Connectez-vous avec ce qui vous amuse et vous fait plaisir aujourd'hui, que ce soit d'aller ramasser des champignons, de jouer au foot ou de faire des chatouilles à vos enfants ou à votre conjoint. Tout ce qui vous amuse vous détendra.

Dire non, dire oui, c'est aimer

Il n'est plus temps d'avoir peur, il est temps d'aimer : à vos cœurs !
Martine Medjber-Leignel

Il semble difficile pour beaucoup de gens de dire non. On craint de blesser l'autre, d'être rejeté. Notre éducation nous laisse croire que ce n'est pas correct. La peur fantasmée de perdre l'amour de l'autre l'emporte parfois sur le droit légitime que chacun a de poser ses limites en se respectant lui-même. Bien sûr, cela fait plaisir à maman si je lui dis oui quand elle me propose pour la deuxième, voire la troisième fois la soupe ou le couscous qu'elle a préparé avec amour. Mais c'est moi qui sais si j'ai faim ou envie de manger. C'est donc à moi de me positionner sans prendre en charge l'effet que cela fera à ma mère, même s'il peut être utile de lui dire : *Je t'aime, j'ai plaisir à te rendre visite ; j'adore tes petits plats, mais une assiette me suffit.* Respecter l'autre en se respectant soi-même est un enjeu de taille. Il est confortable d'avoir à côté de soi quelqu'un qui sait dire non et poser ses limites : cela permet d'avoir le sentiment que son oui est sincère et cela est rassurant. Ne pas savoir dire non donne dans un premier temps le sentiment d'être manipulé et abusé par autrui. Dans un second temps hélas, le sentiment peut devenir réalité si l'autre est manipulateur. On ne peut pas changer les autres, ni refaire le passé. On peut en revanche prendre soin de soi-même, se traiter de manière équitable. Une personne qui sait dire non est une personne qui s'aime et se respecte.

Par ailleurs, dire oui à ce que la vie nous donne est une attitude écologique qui permet de gaspiller moins d'énergie (le refus demande beaucoup d'énergie) et qui permettra de se contenter de ce que l'on a. Voici un cas extrême : Caroline a un cancer du foie et de la vésicule biliaire. Tout ce qui pouvait médicalement être tenté l'a été, elle s'accompagne chaque jour en disant oui à une mort prochaine et ce qui frappe chez elle, c'est la paix et la tranquillité qu'elle dégage. Mobiliser ses forces est utile lorsqu'il s'agit de vivre, mais lorsqu'il s'agit de mourir sous peu, l'acceptation et la paix sont des attitudes très sages. À l'heure de relire pour la dernière fois l'ensemble de ce livre et de le confier à l'édition,

Caroline a quitté ce monde, le 24 décembre, dans la douceur et la paix, « elle est partie comme une reine », salut l'artiste et merci, l'amour de tous t'accompagne.

Quand on n'a que l'amour..., on a l'essentiel. Si nous pouvons croire cela, aussi vrai que nous croyons que le soleil et la lune existent, si nous pouvons y croire de tout notre cœur et avec toute notre âme, quel soulagement ! Nous avons tous fait cette expérience, de ressentir notre poitrine gonflée d'amour, lors d'un regroupement avec des personnes que l'on aime ou lors d'un stage où l'être humain est pris en compte, qu'il s'agisse d'un stage de développement personnel, d'un groupe de méditation, d'une communion par le chant, le rire, la lecture. Comment écrire un ouvrage sur la joie sans aborder ce qui, par essence, la fait naître ? Ah l'amour, encore et toujours... Source de joie, de tendresse, d'affection, de désir, d'empathie, d'altruisme, de charité. Amour grivois, platonique, romantique, filial, amour passion, amour courtois, jouissance et voluptés, carte du tendre, désir... Vivre d'amour et d'eau fraîche, peace and love... Par où commencer sur ce sujet éternellement d'actualité qui a vu le jour il y a des centaines de milliers d'années ? Eh oui : *Depuis l'aube de leur histoire, les hommes et les femmes ont connu des milliards d'étreintes, d'ivresse, d'extase*[57].

57. Fabienne Casta-Rosaz, *Histoire de la sexualité en Occident*, Éditions de la Martinière, Paris, 2004.

L'amour est l'essence même de l'être humain. Concernant ce sentiment, chacun de nous a trois besoins : recevoir de l'amour, donner de l'amour, ressentir de l'amour. L'amitié peut être considérée comme une forme d'amour en action, elle confronte l'individu à tout ce que la vie a à offrir. L'amitié donne la sensation d'avoir de la valeur, l'amour inconditionnel se cultive dans le creuset de l'amitié et en général sur le long terme, on donne sans calcul, ni nécessité de retour. La principale qualité est de prendre soin. Recevoir du soin, de l'attention, avoir le sentiment de compter fort pour quelqu'un, c'est cela qui guérit. La confiance s'installe pour que se construise une relation, une histoire essentielle, irremplaçable. Il est souvent difficile de croire que nous sommes aimables tels que nous sommes. Nous avons des croyances qui nous poussent à désirer être autrement. La comparaison, les médias nous font croire que nous serons aimables quand nous aurons tel diplôme, quand nous aurons relevé tel défi, quand nous ressemblerons à telle star du show-biz. Nombreux sont ceux et celles qui passent du temps et dépensent de l'argent à courir après ces chimères. Ce qui nous rend aimable n'est pas ce que l'on a ou ce que l'on fait, mais ce que l'on est. Il y a deux chemins interconnectés pour se sentir aimable : cultiver l'estime et l'amour de soi et s'éveiller à la résonance d'un être ou de plusieurs êtres qui nous aiment sans condition. Idéalement, l'amour parental est inconditionnel et donne l'assurance d'être aimable et aimant. Dans la réalité, même si nos parents ont fait de leur mieux, compte tenu de leur propre histoire, il est possible (fréquent ?) que leur socle d'amour soit instable. Ne vous attardez pas trop sur cette triste réalité. Il est important de la prendre en compte, de vous prendre vous-même dans les bras pour vous consoler et pour leur pardonner et ensuite passez à l'action !

L'expérience de l'amour, qui est une relation à la singularité de l'autre, à ce qui en fait un être unique et irremplaçable nous invite et (parfois) nous contraint à l'ouverture, au dépôt des armes, à l'abandon (qui n'est pas renoncement !), à la grande alchimie rédemptrice. L'amour nous brûle et dissout nos aspérités. S'abandonner à l'amour, c'est oser s'abandonner avec foi à plus grand que soi.

Savez-vous que si 90 % des oiseaux sont monogames, seuls 3 % des mammifères restent fidèles à un seul partenaire ? Mettre un singe dans un nid d'oiseau, quelle drôle d'idée ! Pour les humains, garder une relation vivante consiste à passer maître dans l'art d'alterner subtilement distance contrôlée et rapprochement. Vouloir posséder son partenaire est une option de souffrance car la jalousie est l'ombre de l'amour. Si l'on aime, on est heureux de voir l'autre grandir et s'épanouir, même si nous ne sommes pas à l'origine de toutes ses joies. *Le bonheur, c'est quelque chose d'intime, de chaud, quelque chose qui nous comble d'une joie unique, inoubliable et qui nous marque pour la vie*, propose l'écrivaine québécoise Reine

Malouin[58]. Une graine de tournesol ne peut pas se transformer en marguerite ou en dauphin. Chacun, tel qu'il est, a sa manière spécifique de rencontrer le corps de l'autre. Les sensations corporelles sont différentes selon les moments, l'ambiance, l'intention et chaque moment est unique. Prendre le temps de jouer, de jouir de soi, de l'autre, d'inventer un voyage à deux est un choix. *Je suis fascinée par le temps que l'on peut passer à réparer un objet cassé, à construire des objets inutiles, à s'absorber dans la décoration d'une chambre, à surfer sur internet ou à cuisiner et combien, en comparaison, l'amour physique peut être expédié*[59]*. Comment peut-on croire aussi naïvement avoir fait le tour de la question ? Une sexualité épanouie au quotidien requiert des qualités de disponibilité, de curiosité, de désir, de présence, autant de choses qu'il est difficile de mettre en place si on ne choisit pas d'en faire, à deux, une priorité. Toutefois, seul(e) ou à deux, c'est de ma vie dont il s'agit et c'est à moi de décider si j'habite ou non un corps vibrant et apte à ressentir la joie. Danser, chanter, rire, bouger, crier, pleurer, hurler ou gémir de plaisir tout cela m'est offert si je m'en empare, quel risque je cours d'être vivant(e) ?*

Ouvrez votre cœur aux autres – l'énergie de l'amour circule et nourrit chacun abondamment. Prenez ceux que vous aimez dans vos bras, tous les jours, succombez à la magie de l'enlacement, faites de cet échange un moment de présence absolue. Lors de ce contact chaleureux avec

58. *Où chante la vie*, Éditions de l'action catholique, Québec, Canada, 1962.
59. Martine.

une autre personne, votre système endocrinien sécrétera de la dopamine, l'hormone du plaisir, et de l'ocytocine, élue « miss hormone » de l'amour : elle stimule le fluide de l'attachement et génère un sentiment de réconfort. Un enlacement amical ou un câlin la déclenche, mais aussi le son de la voix aimée, l'affection d'un animal, une pensée amoureuse ou un simple regard. Choisissez de booster en vous la chimie de l'amour, il existe des centaines de personnes prêtes elles aussi à vous prendre dans leur bras. L'autre agit comme un miroir : lorsqu'il nous donne le meilleur de lui-même, il nous révèle au meilleur de nous-mêmes. C'est pourquoi l'amitié est si précieuse. Cette merveilleuse habitude à prendre soin d'autrui deviendra vite votre support de joie car vous vivrez au rythme de votre cœur, ni trop vite, ni trop fort, en concordance avec votre intimité. Le philosophe André Comte-Sponville a inventé le concept *d'amour-joie, cette bienveillance mutuelle, le plaisir et la confiance réciproque*, un sentiment qui n'implique que du désintéressement. Nombreux sont ceux qui avouent être plus facilement eux-mêmes avec des amis qu'avec leur conjoint. Les films qui parlent de l'amitié font d'ailleurs un tabac, que ce soient *Bienvenue chez les Ch'tis*, *Les petits mouchoirs*, *Comme des frères* ou *Intouchables*. Ils nous procurent une joie réelle. L'ami(e), c'est celui qu'on appelle en pleine nuit quand les démons nous assaillent, celui à qui l'on parle sans masque de sa santé, de ses peurs, de ses rêves, de sa vie, de ce qui se passe dans son lit, c'est aussi et surtout celui avec qui l'on rit, celui ou celle qui a l'art de nous encourager et de se réjouir de nos victoires avec sincérité, celui ou celle qui nous fait une place auprès de ses intimes, de ses parents, celui qui croit en nous avant tous les autres et souvent avant nous-mêmes. C'est le témoin des petits moments et des grands virages. On se sent exister parce que ses yeux nous voient, qu'ils portent la mémoire de nos actes aussi haut et fort que leurs propres actes. L'ami(e), c'est celui ou celle qui a le courage que l'on porte en soi, héros anonyme du quotidien, spectateur de l'invisible et de l'anodin, il ou elle sait combien les tâtonnements et les chutes sont douloureux et combien il est glorieux de se tenir debout chaque jour. L'ami(e), c'est celui ou celle qui est là, même dans l'absence, celui ou celle que l'on porte en soi, partout où l'on va.

Comprendre que l'amour est l'alternative des alternatives, l'antidote à la peur par excellence permet de remonter le fleuve de la méfiance, de l'égoïsme et de la solitude à contre-courant, comme les saumons. Pour passer de la peur à la sérénité, de la violence à la paix, de la compétition économique à la coopération sociale, il n'est pas suffisant d'être séduit par l'idée de l'amour, il est urgent d'en ressentir l'utilité absolue dans votre ventre maintenant et que chaque pas soit ferme et résolu. Ce choix vous appartient, réjouissez-vous !

Cultiver la joie de vivre

La sagesse de l'homme libre est une méditation non de la mort, mais de la vie.
Spinoza

Le psychiatre Christophe André nous propose de prendre en main notre existence dans sa préface à *L'apprentissage du bonheur*[60] écrit par Tal Ben-Shahar : *Les principes et les fondamentaux qui nous permettent d'aller bien sont tous d'une grande simplicité, et pour la plupart connus depuis longtemps. Notre problème, c'est que nous ne les appliquons pas.* Il ne suffit pas de savoir ce qu'il convient de faire, encore faut-il mettre en pratique ce avec quoi nous sommes d'accord, ce qui nous touche et nous sensibilise. La sagesse n'est pas seulement une activité mentale, elle doit s'incarner pour se vivre et se rendre crédible pour d'autres. Faire ce que l'on dit et dire ce que l'on fait… D'où vient cette difficulté à se mettre en mouvement ? Bien souvent, le défi est trop grand, trop haut ou à trop longue échéance. Il doit être réaliste pour être mis en œuvre, sinon la déception sera grande et le juge intérieur s'emparera de l'échec pour valider l'incapacité à changer. Si je décide de reprendre le sport, je dois le faire en rapport avec ma santé, mon poids et vérifier auprès d'un médecin quelles sont mes aptitudes et les contre-indications, le cas échéant. Il faut trouver le bon créneau horaire et faire de l'activité choisie une priorité, ce qui n'est pas

60. Publié chez Belfond, Paris, 2008.

un souci dans un emploi du temps chargé si l'on retire une activité irritante et dévitalisante. Démarrer en douceur sur un court laps de temps pour commencer, trouver le plaisir de s'adonner à cette activité, la pratiquer en groupe, voilà qui peut être stimulant. Enfin, si je décroche, au lieu de me fustiger, mieux vaut que j'accueille la chute pour recommencer une fois, deux fois, dix fois. Un jour vient où l'on ne peut plus s'en passer : l'addiction au bien-être prend ainsi le relais sur la volonté. C'est gagné !

Certains individus donnent l'impression qu'ils aiment leur existence, qu'ils en jouissent, en profitent. Ils débordent d'énergie et de joie de vivre. On peut le voir à leurs yeux qui brillent, à leur gestuelle convaincante, à leur voix vibrante. Ils émettent à l'évidence des ondes positives. Odalys rit en permanence. Cette émigrée cubaine souhaitait pouvoir continuer à exercer sa profession d'infirmière quand elle est arrivée en France, en 1992. Mais cela n'a pas été possible : *Quand je suis arrivée à Paris, j'ai voulu passer les équivalences de diplômes qui m'auraient permis d'exercer mes compétences d'infirmière ici ; à Cuba, je travaillais à l'hôpital dans le service d'oncologie et je soignais des malades atteints de cancer. Malheureusement, mon faible niveau en langue française m'a desservie.*

Elle n'a pas hésité longtemps. Pour elle, cela va de soi qu'il faut gagner sa vie. Inutile donc de s'attrister, de tempêter, de se plaindre. Ni une ni deux, elle a décidé de danser pour vivre, danser, un don qu'elle possède depuis qu'elle est haute comme trois pommes. Jamais elle n'aurait imaginé en faire un atout professionnel : à Cuba, toutes les filles, ou presque, dansent… Et, en deux temps trois mouvements, elle est devenue professeur de salsa et s'est produite sur des scènes parisiennes prestigieuses, puis elle a créé sa propre compagnie et a voyagé dans le monde, son magnifique sourire aux lèvres, ravie de gagner de l'argent en offrant des moments de pur bonheur à ses élèves et à ses spectateurs.

À propos de la salsa, expression physique de la joie par excellence, nous ne résistons au plaisir de citer le réalisateur et comédien Antoine de Caunes qui en a fait une expérience émouvante[61] : *La salsa est par essence la danse de la vitalité, de la joie de vivre, de l'amour, du désir, de la vie, du soleil. J'ai regardé des gens danser la salsa, dans un musée transformé, cette nuit-là, en salle de danse. Ils virevoltaient, portés par un élan puissant, sans s'arrêter. Quand la sonnerie annonçant la fermeture a retenti, les corps des danseurs se sont embrassés puis séparés. C'était beau, bouleversant : ils avaient dansé la vie.*

Il existe bien des moyens de convoquer la joie et danser en fait partie. *La danse, un minimum d'explications, un minimum d'anecdotes et un maximum de sensations,* résumait Maurice Béjart. Par définition, la danse est un divertissement qui déclenche facilement la joie. Pour celui qui regarde et pour celui qui la pratique. Parce qu'elle est

61. Psychologie.com : Ils cultivent leur joie de vivre.

associée à la musique et que l'esprit, concentré sur le rythme, n'a pas d'autre possibilité que de s'ancrer dans l'instant présent, d'une part ; parce qu'elle met le corps en mouvement, d'autre part. Parce qu'elle provoque des émotions, et révèle la beauté du corps et met en jeu la séduction homme/femme de façon artistique. Regardez les enfants à la crèche. Dès qu'il y a de la musique, ils bougent en rythme, lèvent et baissent les bras, agitent la tête, instinctivement : ils dansent. Pensons aux transes, pratiquées absolument partout dans le monde, danses thérapies qui permettent de sortir de son propre corps pour guérir, celles des chamans, du culte vaudou ou de la *santeria* cubaine en passant par celles de l'ordre des derviches tourneurs ? L'énergie des autres est nourrissante. Nous sommes sensibles au pétillement des yeux, à l'ouverture d'un visage, à la vibration d'une voix, au mouvement des corps. Ma joie capte et se rafraîchit aux ondes positives de ceux qui m'entourent.

La joie de vivre surgit dans les moments les plus simples et soudain, nous le sentons : tout est là, tout est, à cet instant, accompli, comme un éveil à l'harmonie du monde, à la nature, à autrui, à la conscience que c'est cela, vivre, tout simplement… Et que c'est bon ! Cultiver sa joie de vivre comme on prend soin d'un jardin en désherbant, plantant, arrosant, regardant la couleur des fleurs, s'enivrant de leur rosée matinale, s'étendant sur l'herbe pour l'imaginer pousser, s'allongeant sur le ventre, le nez dans la terre pour absorber ses odeurs sauvages et retrouver des parfums d'enfance : c'est aussi ça, l'audace de vivre.

Aimer et savourer l'existence génère une énergie et une joie de vivre contagieuses. Comment faire ? À chacun sa recette. S'extraire de la toxicité ambiante et du bruit du monde, rechercher le silence en soi ou chanter comme les oiseaux dans la ville : rien ne semble les empêcher de célébrer le jour naissant. Voilà ce qu'en dit Robert Misrahi dans *Les actes de la joie*[62] : *Pour s'orienter dans ses choix et déployer son essence d'être de désir, le sujet doit réaliser une fondation de son être : en premier, connaître la joie et s'en servir comme guide ou cap ; ensuite, réaliser sa réflexivité, son libre arbitre, sa nature de conscience et de désir, et enfin choisir de s'engager sur la voie du bonheur. C'est la fondation de l'être, le premier acte.*

Imaginez que vous ayez une palette de couleurs entre les mains, quelle est la couleur qui représente pour vous l'humeur joyeuse ? Si à présent vous peignez délibérément avec cette couleur, il y a de fortes chances que votre œuvre soit une œuvre « joyeuse » (du moins pour vous). Il en est de même pour l'humeur joyeuse : un état d'esprit alerte et pacifique, un regard éveillé, un port de tête soutenu, une allure souple, une petite musique intérieure qui donne le tempo, des vêtements confortables qui vous mettent en valeur et soulignent votre élégance, un sourire aux lèvres, vous voilà paré(e)

---

62. Les Belles Lettres, Paris, 2010.

et prêt(e) à installer votre humeur joyeuse : légèreté, présence, insouciance…

Être ici et maintenant…

Je suis chez moi, je suis arrivé,
Il n'y a qu'ici et maintenant,
Bien solide, vraiment libre,
Dans la terre pure, je m'établis.
Thich Nhat Hanh

« L'ici et maintenant » ne date pas d'aujourd'hui. Les latinistes s'en souviennent, à travers le fameux *hic et nunc*. L'expression signifie d'abord qu'il faut tenter le plus souvent possible d'être concentré sur ce que l'on fait et de savourer le moment dans lequel nous nous trouvons au lieu de laisser vagabonder notre imagination dans ce que pourrait être l'hypothétique futur. Ce n'est pas si évident que cela.

Le psychiatre et fondateur de la Dynamique émotionnelle exprimée, Étienne Jalenques, va même plus loin en proposant d'apprendre à « des-espérer », c'est-à-dire à renoncer à l'espoir. *Nous confondons l'espoir et l'espérance, explique-t-il. Tant que nous sommes dans l'espoir, nous sommes dans une position passive : nous attendons que quelque chose se passe. Si vous attendez votre amoureux, tant que vous avez l'espoir qu'il va venir, cela vous permet d'attendre et tant que vous espérez, vous ne souffrez pas, tout comme l'enfant qui attend que son père ou sa mère lui porte de l'attention ou comble ses besoins. Laissons l'espoir de côté, misons sur l'espérance et agissons dans le présent*[63].

Mais « l'ici et maintenant », c'est aussi une réalité que Proust avait fort bien décrite avec sa madeleine. Le cerveau est un outil étonnant car il ne fait pas la différence entre l'événement vécu et le souvenir de cet événement. C'est la raison pour laquelle, lorsque vous évoquez un souvenir, vous éprouvez exactement la même émotion que celle que vous ressentiez au moment des faits, quel que soit le nombre d'années écoulées. Si cet événement est tragique, vous vous sentez oppressé ; en revanche, s'il est joyeux, vous vous sentez heureux. Certaines photos, une citation bien ciblée, le souvenir d'une lecture, d'une musique, ont le même pouvoir ; celui, par leur ancrage positif, de permettre de nous reconnecter en un instant à notre joie de vivre. Il est donc important de convoquer des souvenirs heureux, de nous souvenir de ce dont nous avons besoin, de ce que nous savons et de reprendre contact avec ce qui compte pour nous : nos valeurs, nos rêves, nos envies, nos désirs, les actes qui nous éveillent et nous vivifient. Autant d'invitations au mouvement…

63. Etienne Jalenques, vidéo sur : www. http://dynamique-emotionnelle.com/.

Il faut réagir, se réjouir, vivre : le temps qui nous est offert est notre capital absolu. Nombreux sont ceux qui ne le voient pas passer, ils sont ailleurs et ne savourent rien, ni leurs atouts, ni leurs forces, ni leur entourage et quand cela disparaît, ils ont un goût amer. D'autres courent après le temps en se jetant à corps perdu dans un futur hypothétique et en réfugiant dans la croyance qu'un jour… quand ils auront… quand ils seront… ils pourront enfin profiter de la vie. Mais la vie passe et ils trépassent après avoir traversé une existence de pressions, de devoirs, de fantasmes… L'accès à la paix intérieure leur est difficilement accessible, en prendre conscience est déjà un grand pas vers un changement possible. D'aucuns se remémorent le passé comme un disque rayé et n'en finissent plus de regretter ce qu'ils étaient, ce qu'ils ont fait, ce qui n'est plus, ils errent dans les souvenirs, absents au présent et, déracinés, n'étant nulle part en réalité d'où la nécessité d'apprendre à vivre au présent, ne serait-ce que pour être là ! Le passé est utile s'il permet de vivre avec plus de sagesse et d'amour. Il est bon parfois de se rappeler ce qu'on a accompli, surtout si l'on doute de soi : on peut alors s'appuyer sur ce qu'on a réalisé. Il est agréable de ressentir de la joie en évoquant un heureux souvenir. Le passé se feuillette comme un album photos, avec plaisir ou nostalgie, mais il est essentiel de le remettre à sa place pour s'investir avec ceux qui sont là, maintenant.

Pour pacifier nos états d'âme, la pratique de la pleine conscience, qui nous invite à porter notre attention sur notre corps et nos sensations, nous apprend à savourer le simple fait d'être juste là. Et où se passe votre vie hormis là, tout de suite ? Il est salvateur pour nous de prendre la mesure de cette chance : nous sommes vivants, réjouissons-nous en… maintenant !

La psychothérapeute Béatrice Millêtre nous enseigne qu'*habiter son corps, c'est d'abord se mettre à l'écoute de ce que l'on ressent, puis le nommer (le négatif comme le positif). Cela nous permet de nous connecter à la réalité présente (via les sensations), de comprendre ce qui nous arrive (via les émotions). Cela nous permet également d'élaborer une réflexion, des projets, à partir de nos besoins et de nos désirs*[64]. Pour vous permettre d'être plus souvent en phase avec l'instant présent, elle propose que vous vous repassiez mentalement le film de votre journée, tranche par tranche et que vous vous arrêtiez sur les moments que vous avez vécus de manière quasi automatique (prendre le petit-déjeuner, le métro, vous installer à votre bureau, assister à une réunion, etc.). En les visualisant, demandez-vous ce que vous auriez pu ressentir (sensations physiques, émotions) si vous les aviez vécus de manière plus consciente. Le lendemain matin au réveil, vous pouvez alors programmer les différents moments de la journée au cours desquels vous serez attentif à ce qui se passe en vous et autour de vous. Le soir venu, à nouveau, vous pouvez évoquer le film de votre journée, moment par moment, en vous remémorant le plus précisément possible les sensations

64. *Réussir grâce à son intuition*, Béatrice Millêtre, Payot, 2012.

et les émotions éprouvées et noter les instants qui ont échappé à votre vigilance afin de les reprogrammer pour le lendemain matin. Au fil des jours, vous constaterez qu'en étant plus conscient de vos sensations et de vos émotions, vous serez plus attentif, plus concentré, et davantage acteur de votre vie.

Pour le psychologue Mihaly Csikszentmihalyi, l'un des pionniers de la psychologie positive, nous sommes au meilleur de nous-mêmes quand nous sollicitons toutes nos compétences et transformons nos actes mécaniques et notre routine en plaisir. Auteur de *Mieux vivre en maîtrisant votre énergie psychique*[65], Mihaly Csikszentmihalyi passe sa vie à étudier ce qui rend les gens vraiment heureux. Il constate que nous sommes le plus heureux lorsque nous sommes occupés à une tâche qui sollicite au maximum nos forces et nos talents. C'est ce qu'il appelle « le flux », un état créatif dans lequel nous donnons le meilleur de nous-mêmes, une expérience optimale caractérisée par des défis que nous relevons avec plaisir. Eh non, ce n'est pas en vacances que nous sommes le plus heureux ! Souvenez-vous de ces moments où vous ne voyez pas le temps passer, tellement vous êtes absorbé à réparer un outil tombé en panne, finir un courrier, décorer la chambre, préparer un gâteau d'anniversaire. Dans ces moments-là, on s'écrit souvent : *Déjà !* en regardant sa montre. Ces moments de « flux » sont des moments privilégiés où notre engagement est

65. Pocket, Paris, 2006.

total, d'où un sentiment de bien-être. En développant la conscience de soi et du présent, nous devenons plus attentifs, plus concentrés, davantage acteurs de nos vies. Et en capacité de nous réjouir… maintenant ! comme le propose Misrahi dans *Les quatre actes de la joie*[66] : *Le sujet vit dans ce monde ici et maintenant et le crée par son regard : son regard poétique sur le monde est une voie vers le bonheur en même temps qu'il structure et crée ce monde via sa conscience, ses actions et sa perception. La beauté du monde est constatée et créée par ce regard.*

66. Éditions Encre marine, Paris, 2010.

3.

Pourquoi être joyeux ?

En cette Journée internationale de la paix, engageons-nous à enseigner à nos enfants les valeurs de tolérance et de respect mutuel. Investissons dans les écoles et les enseignants qui seront appelés à construire un monde d'équité et d'inclusion, respectueux de la diversité. Luttons pour la paix et défendons-la de toutes nos forces.

Le secrétaire général des Nations unies, M. Ban Ki-moon

Pourquoi être joyeux ? Parce que la joie est sœur de la tolérance et donc de la paix. Pour paraphraser l'inscription qui figure sur la Cloche de la paix aux Nations unies *(Qu'une paix parfaite règne pour toujours dans le monde)*, nous pourrions proposer : *Choisissons la joie pour qu'une paix parfaite règne pour toujours dans le monde.*

Réaffirmer notre conviction en la non-violence, promouvoir une éducation pour la paix, une éducation à la paix auprès de nos enfants, à la maison, à l'école, voilà des missions d'avenir à la fois indispensables et enthousiasmantes. Nous pouvons essayer, au quotidien, d'ajuster nos actes avec nos convictions, nos valeurs, nos attentes. Expliquer patiemment. Répéter. Écouter plutôt que s'impatienter. Ce n'est pas forcément facile, mais c'est à la portée de tous ! Imaginez que vous décidiez de ne plus hausser le ton, quelles que soient les circonstances. Vous vous astreignez à cet exercice un petit peu plus souvent, un petit peu plus longtemps chaque jour, et imaginez maintenant que cent, mille, cent mille, un million, dix millions, etc. de personnes prennent la même décision : cela fini par créer un vrai mouvement, une attitude collective qui bannit l'acidité de ton. Imaginez quelle distance considérable parcourent les fourmis avec leurs petits pas ! Imaginez à court et moyen termes, quels citoyens de demain seront nos enfants s'ils bénéficient d'une éducation positive, d'une éducation de paix. Ce seront des citoyens convaincus du bien-fondé et de l'importance de respecter l'autre, de développer la tolérance. Des pacifistes dans l'âme… Imaginez ! Un monde sans guerre…

Dans son message de paix adressé au monde début 2013, le secrétaire général des Nations unies, M. Ban Ki-moon, rappelait aussi ceci : en juin, Malala Yousafzai, l'étudiante pakistanaise que des Talibans avaient tenté d'assassiner parce qu'elle militait en faveur du droit à l'éducation, est venue au siège de l'ONU. Elle a déclaré : *Un enseignant, un livre, un stylo peuvent changer le monde. Ce sont là nos armes les plus redoutables.* Substituons le jugement et la critique au plaisir de croître et d'apprendre encore et toujours. Lâcher le contrôle, ouvrir son cœur à l'amour, à la vie, à la connaissance et aux autres apaise ; la paix est ce dont nous avons le plus besoin. En mettant un terme aux guerres intestines, en soi, puis autour de soi, nous posons l'option de vivre en harmonie avec ce qui nous correspond le mieux et nous mettons ainsi nos talents au service des autres. Aller vers l'accomplissement de nos rêves sans nous décourager participe de la création d'un monde meilleur.

Réjouissez-vous de la gratuité

Les éléments du bonheur sont simples et ils sont gratuits, pour l'essentiel.

Jean Giono

Pourquoi nous réjouir ? Parce que la joie est l'instrument qui nous permet de savourer ce qui est à portée de main, d'œil, de vue, de toucher. Prenons la gratuité. Quel formidable motif de réjouissance. Elle est partout et si précieuse que les Anglais appellent ce qui est gratuit *free* : libre. C'est une manière très subtile de mettre en lumière… la valeur de la gratuité. Jean-Louis Sagot Duvauroux, écrivain et philosophe, répondait ainsi à une interview du magazine en ligne Rue89 : *La gratuité, c'est ce à quoi on accorde le plus d'importance dans nos vies. Nous avons l'impression que ce qui n'est pas payant est sans valeur mais en fait, le sens de notre existence est sans prix. Les aspects essentiels de l'existence comme l'amour ou la santé ne s'évaluent pas monétairement.*

Dans nos sociétés marchandes, on aimerait nous faire croire que la possession est le socle du bonheur.

Mais pensez à toutes ces choses gratuites si délicieuses et dont la liste n'est jamais exhaustive :

• Avoir le droit d'exprimer son point de vue de citoyen…

• Apprendre (non seulement, ça ne coûte rien, mais ça apporte beaucoup !).

• Le contact avec autrui.

• Une grande promenade, où que vous viviez, pour le plaisir d'être avec un ami, un amoureux, un parent, un voisin, un collègue ou seul avec soi-même.

• Rire !

• Le sourire de bébé.

• Faire de son mieux au quotidien (grande source de réjouissances).

• Le ciel bleu au réveil.

vIl pleut ? La chance d'avoir un toit sur la tête, une couette pour dormir au chaud, et des bottes pour sauter dans les flaques…

• Les odeurs délicieuses… Réveillons ce sens que nous négligeons si souvent et savourons l'odeur du jasmin, du café frais, des fraises Tagada, de l'herbe coupée, du chocolat, des coquillages…

• La présence des enfants, des animaux de compagnie…

• Être généreux attire l'abondance, ceux qui savent donner racontent souvent qu'ils donnent peu, comparé à ce qu'ils reçoivent. Ce que vous avez de mieux à offrir c'est vous, votre sourire, vos compétences, vos connaissances, votre tendresse, votre force, votre intelligence… Ce sont des trésors magiques car ils sont inépuisables et se renouvellent au fur et à mesure que vous les offrez.

• Honorez vos besoins et partagez : les richesses, comme l'amour et l'air pur, doivent circuler pour le bien de tous.

• Partager avec un ami sa joie (elle grandit !) et ses soucis (ils diminuent !).

Un concept est même né pour lutter contre le gaspillage : ce sont les *freegans*, contraction de *free* (libre/gratuit) et de *vegan* (végétalien) qui prônent une nouvelle façon de consommer : se nourrir en récupérant les aliments consommables avant qu'ils ne soient jetés dans les poubelles de supermarchés.

Il existe aujourd'hui des courants sociaux anticonsuméristes qui pratiquent le troc, font réparer leurs appareils qui tombent en panne, organisent des brocantes gratuites où chacun dépose le trop-plein de son grenier et où chacun peut venir se servir à volonté en livres, vêtements, jouets… L'occasion d'échanger avec des voisins. Plutôt que de courir à l'hyper marché du coin acheter un mixer qui ne servira qu'une fois l'an, le soir où j'ai décidé d'essayer le velouté de tomates de tante Germaine, mieux vaut emprunter celui de la voisine. Au-delà des économies substantielles qu'une telle éco-attitude peut générer dans le budget familial, l'emprunte carbone de la planète s'en porte beaucoup mieux. Et un bon relationnel de proximité fait vraiment du bien. Savoir que l'on peut compter sur un voisin en cas de coup dur est rassurant car nos relations sociales, amicales, notre vie de couple ou familiale ont une grande influence sur notre état de joie.

L'amour, l'amitié, l'engagement, la solidarité, les bienfaits du soleil ou de la pluie ne se quantifient pas financièrement mais leur valeur est indiscutable. Ce qui rend précieux le droit à l'éducation ou le droit à la santé, c'est que chacun peut y avoir accès sans payer. Ceux qui donnent de leur temps sans compter pour une bonne cause savent que ce temps offert n'a pas de prix...

Pensons à la vie, transmise par la grâce et la magie du désir amoureux, fruit d'un moment de plaisir charnel intense, voluptueux, extraordinaire... Ces vies humaines, animales, végétales comme autant de merveilleux dons, absolument gratuits. Preuve s'il en est que... la gratuité est vitale ! Vitale, indispensable et partout. Observons notre quotidien et établissons une liste à la Prévert de toutes ces merveilleuses offrandes auxquelles nous n'attachons peut-être plus tellement d'importance parce que nous avons le sentiment qu'elles sont « normales ». Or, ce qui relève de la normalité ici est parfois un luxe ailleurs et il est bon de se le remémorer. Les jardins, les parcs, les forêts, les bords de mer où l'on peut se balader, la faculté de rire, aimer, penser, courir, faire du sport, aider, écouter, consoler... Gratuits. Plus concrètement, l'école publique est gratuite, de même le système solidaire de Sécurité sociale, qui tient contre vents et marées : il permet à chacun, quels que soient ses revenus, d'avoir gratuitement accès aux soins, à une hospitalisation, à une opération lourde.

Santé, éducation... Mais ce n'est pas tout ! Le 1er dimanche de chaque mois, les musées nationaux sont gratuits pour tous. La plupart d'entre eux le sont tous les jours ouvrables pour les retraités et les jeunes de moins de 18 ans, les chômeurs. La fête de la musique partout en France ? Gratuit. Nuit blanche à Paris ? Gratuit ! Le défilé du Carnaval de Dunkerque ? Gratuit ! Quantité de spectacles du festival des arts de la rue de Chalon-sur-Saône ? D'Aurillac ? Du Festival off d'Avignon ? Les concerts de Paris Plages ? Les expos photos sur les grilles du jardin du Luxembourg ? Gratuits ! Sans parler de tous les concerts estivaux, les défilés de jazz-bands sur les plages, les portes ouvertes sur l'art de Montreuil, le ciné en plein air à la Villette, les conférences de l'Université populaire... Nous sommes auteurs et cela nous emplit de joie de savoir que des lecteurs, des lectrices, peuvent avoir accès à nos écrits grâce à l'existence des bibliothèques où l'emprunt des ouvrages est gratuit. Mouloud Akkouche, écrivain de polars, confiait qu'il avait acquis sa culture littéraire, puis son envie d'écrire, puis sa décision d'en faire son métier grâce aux « BM » : aux bibliothèques municipales. Chez lui, quand il était jeune, il n'y avait pas de livres… Santé, éducation, culture. Ce n'est pas rien !

Choisir son histoire

« Que choisir ? Tout dans la vie, est une affaire de choix.
Cela commence par : La tétine ou le téton ?
Et cela s'achève par : Le chêne ou le sapin ? »
Pierre Desproges

La joie est un instrument, mais elle est aussi un moteur. Celui qui nous permet de choisir qui nous voulons être et dans quel monde nous voulons vivre. Grâce aux nouvelles technologies, nous avons la chance d'être informés en temps réel de tout ce qui se passe dans le monde (à cet égard, nous vous signalons l'existence du *Journal des bonnes nouvelles*[67]). Le récent retentissement mondial de la catastrophe de Fukushima, au Japon, a ainsi soulevé une extraordinaire vague de solidarité mondiale. En prenant conscience de notre vulnérabilité commune, nous réalisons que nous devons notre bien-être à l'état de la planète et qu'il est urgent d'en prendre soin en faisant les bons choix. Les hommes sont de plus en plus

67. http://le-jbn.com/.

nombreux à s'engager pour un comportement écologique et responsable, en faveur du mieux-vivre des hommes, des animaux, de la sauvegarde de la nature, de l'énergie et de l'eau, si précieuse, de la planète tout entière. Ces engagements sont utiles, urgents, indispensables, ils ne relèvent ni d'une mode, ni d'une tendance, mais de prises de conscience et d'empathie universelle. En voilà, de bonnes nouvelles ! Elles circulent grâce à Internet et aux réseaux sociaux, ces outils formidables pour créer du lien entre ceux qui agissent, où qu'ils soient sur la planète. Notons au passage que ces investissements humains sont la plupart du temps bénévoles, c'est-à-dire gratuits, que la diffusion de ces informations sur la Toile est gratuite elle aussi. Mis bout à bout, c'est certain, ces efforts au service du mieux-vivre pour tous porteront leurs fruits. Voilà encore un motif de réjouissance...

Sur le plan individuel, se comparer aux autres, envier leur vie et vouloir être différent de ce que l'on est, empêche d'être heureux. Non seulement c'est inutile, mais c'est source de souffrances. Quoi que la vie ait fait de nous, nous restons libres du sens que nous donnons aux événements passés et présents. Tout événement peut nous permettre de grandir et toute rencontre, heureuse ou malheureuse, nous renvoie à nos forces et à notre vulnérabilité et, ce faisant, à notre humanité. La joie de vivre, c'est profiter de la vie telle qu'elle est, en lui donnant un sens vivifiant, c'est être soi, s'aimer et honorer la manière dont nous choisissons de nous construire chaque jour.

Pierre Rabhi en est un bel exemple. Il a transformé des années d'éducation douloureuse en un choix de vie qui lui a apporté beaucoup de joie qu'il partage par le biais de son association Terre et Humanisme. Enfant, orphelin de mère, il vivait dans le Sahara, dans des conditions de vie très rudes que la guerre d'Algérie rendait plus difficiles encore. Pour lui apporter une éducation et lui donner des chances d'avoir un bon métier, son père le remet à une famille de Français catholiques sans enfant. Pierre se retrouve élevé de manière très différente, loin des siens, de la vie communautaire, écartelé entre la foi musulmane et la foi chrétienne, les traditions ancestrales du monde rural et la modernité de la ville. Il subit le rejet des petits Algériens quand il rentre dans son village et des Français dans sa nouvelle école. Mais Pierre décide de transformer la boue en or. Il met sa double spiritualité au service de la Terre et, devenu agriculteur en Ardèche, il lance de nombreuses initiatives au Maghreb pour fertiliser les terres arides tout en faisant la promotion de l'écologie. Son objectif ? Que l'harmonie règne à nouveau entre les hommes et la nature.

Pour l'écrivain Chantal Portillo, la joie se niche dans la création et la créativité. *Peut-être que tout a commencé en regardant les étoiles, dans mon ciel d'Afrique, un ciel velouté, scintillant comme je n'en ai vu aucun autre. C'est comme ça que j'ai commencé à écrire, à imaginer des mots pour les faire se rejoindre. Un chemin de mots, une passerelle pour les relier, les étoiles, qu'elles s'y couchent et s'épousent pour former une voûte. Infinie... Créer, c'est aussi savoir mettre de la résilience sur les blessures du passé, transformer la souffrance en œuvre*[68].

L'imagination au service du bonheur... quel bonheur ! Nous nous sommes réjouies de découvrir l'existence de Happylab, *une association qui a pour mission de faire monter la France sur le podium des pays les plus heureux au monde*. Happylab organise des forums et des rencontres avec des spécialistes de la question. Chaque premier dimanche du mois, dans plusieurs villes de France, des philosophes, des psychologues, des économistes, des sociologues interviennent dans un lieu public pour faire la promotion de l'idée du bonheur. Une idée qui chemine tant et si bien que les Nations unies ont choisi Pharell Williams comme ambassadeur du bonheur. Avec sa chanson *Happy*, véritable cri de ralliement au mieux-être qui a fait le tour du monde, le chanteur a accepté... avec joie de devenir le parrain de la Journée mondiale du bonheur, célébrée le 20 mars depuis 2012 !

La créativité, comme l'imagination, se cultive et « se travaille » comme un muscle. D'abord de l'espace du temps, du vide, pour que vienne la fertilité. Les terres qui ont eu droit au repos, à la jachère comme le savaient nos anciens, donnent les meilleurs fruits. Puis d'oser se planter, car c'est ainsi que l'on pousse. Il ne faut pas craindre les essais, ni les échecs : toutes les personnes qui réussissent vous diront qu'elles ont appris grâce à

68. http://www.m-e-l.fr/chantal-portillo,ec,208.

leurs tentatives, leurs tâtonnements et leurs échecs. Créer, c'est s'aventurer sur des terres inconnues en posant un pied devant l'autre, il est difficile d'anticiper le résultat, mieux vaut se laisser surprendre car la magie fait partie du processus créatif : on ne s'attendait pas à choisir cette couleur sur la palette et pourtant une fois posée sur la toile, elle s'avère être la plus adaptée ; ce choix n'est ni académique, ni mathématique, c'est juste un moment d'ouverture et d'inspiration. Une façon de poser un regard unique sur le monde, un instant fugitif. Paul a pour passion la photo et lorsqu'il saisit le visage de quelqu'un, il en ressort une étonnante beauté, une émotion vraie. Avec une autre personne, le même appareil photo et le même modèle ne donneront ni cette grâce, ni cette intensité : ce n'est pas technique, c'est magique et c'est bouleversant.

Un spectacle qui laisse pantois et qui grandit : l'opéra de *Carmen* aux Bouffes du Nord, à Paris, un concert qui change une vie et l'anoblit, une peinture de Johannes Vermeer devant lequel on s'arrête et qui saisit ou qui foudroie. La voix d'un castra résonnant sous les arches de la place des Vosges, qui surprend et émeut les pierres même par sa cristallinité. C'est ça aussi, la joie de vivre. L'art de la rue, l'art de la scène, l'art de vivre, l'art de rire, l'art d'aimer…

La nature, le chant des vagues, les vagues du souffle et du silence, le vent du large, en bord de mer, temps suspendu, mots superflus, un lien qui se tisse de toi à moi dans la chaleur de l'été, embruns qui perdurent trente ans plus tard sous la plume, le choc du premier émoi amoureux : l'essentiel est là. Trouvez votre vastitude et fluidifiez vos énergies en dansant et en donnant cours à votre joyeuse folie. Chantez tous vos chants : en surgissant, la joie augmente votre champ magnétique et elle est difficile à contenir.

Pour apprendre à écouter et donner à entendre

Nous avons deux oreilles et une seule bouche, c'est-à-dire deux fois plus de raisons d'écouter que de parler,

dit l'adage.

Écouter, ce n'est pas seulement faire silence. C'est surtout participer qualitativement au dialogue. Si vous écoutez quelqu'un avec attention, de manière concentrée, sans intervenir, le visage souriant, détendu, vous envoyez à votre interlocuteur une foule d'informations silencieuses (et agréables) : je suis de tout cœur avec toi, cela me fait plaisir de t'écouter et de partager ce moment de communication, j'accueille ce que tu me dis et ce que tu ressens. Reformuler ce qui est dit ou capté émotionnellement montre que l'on a écouté activement la personne qui nous parle, que l'on ressent soi-même de l'empathie voire de la compassion.

Au commencement était le verbe. Dans son magnifique ouvrage, *Paroles toxiques, paroles bienfaisantes*[69], le philosophe Michel Lacroix propose une éthique du langage. Selon lui, *bien langager* est très important. Au *Que dois-je faire* ? de Kant, il met en miroir un *Que dois-je dire ?* Il préconise une parole qui véhicule la non-violence, qui bannit de sa structure le vocabulaire guerrier. Les hommes ont le choix entre la guerre pour régler un différend ou la négociation, c'est-à-dire la discussion. *Soit on recourt au langage des armes, soit on utilise l'arme du langage*, résume-t-il. Travailler au quotidien son langage, proposer une parole encourageante, apaisante, bienveillante, relève de la responsabilité de chacun. Ce n'est pas facile, cela relève même d'un travail quotidien.

Il faut apprendre à bien parler car bien parler signifie respecter l'autre. Mais pas seulement. Pour Michel Lacroix, il y a huit règles de la parole éthique :

- Règle n° 1 : la parole doit être polie.
- Règle n° 2 : la parole doit attentionnée.
- Règle n° 3 : la parole doit être positive.
- Règle n° 4 : la parole doit être respectueuse des absents.
- Règle n° 5 : la parole doit être tolérante.
- Règle n° 6 : ma parole doit se considérer comme la gardienne du monde.
- Règle n° 7 : ma parole est responsable… du langage.
- Règle n° 8 : ma parole doit être vraie.

69. Robert Laffont, Paris, 2010.

En respectant ces huit règles du bien-parler, vous supposez que celui ou celle avec qui vous dialoguez est une personne sensible qui éprouve les mêmes émotions que vous-même, une personne avec laquelle il est nécessaire d'être prévenant. Être poli ne relève pas que d'une bienséance ou d'une convention sociale. Dire *merci, pardon, s'il vous plaît* structure la vie en société. La parole attentionnée a pour objet de ménager l'autre. C'est le contraire de la parole péremptoire, catégorique, celle qui tranche. La parole positive, quant à elle, *donne à autrui des raisons de croire en lui-même.* Plus engagée que la parole attentionnée, la parole positive est celle qui *encourage, renforce la confiance, insuffle le courage d'entreprendre*. La parole respectueuse des absents exclut toute médisance. La parole tolérante maintient la possibilité du dialogue.

Toutes ces règles ont une autre finalité : elles procurent du bonheur, du plaisir et de la joie. Elles encouragent la beauté du verbe, le respect de l'autre, le compliment placé à bon escient, la valorisation d'autrui. Elles construisent une parole altruiste qui donne envie de communiquer.

Mais il existe aussi une communication non verbale, plus importante encore que la communication verbale. Savez-vous que les mots comptent seulement pour 7 % de ce qui influence le comportement humain ? La voix compte pour 38 % et la manière dont vous utilisez votre corps, vos regards, vos gestes de la main, la raideur ou la souplesse de votre buste, un froncement de sourcil, une moue en disent bien plus long que toutes les jolies phrases que vous utilisez.

Magique intuition

Les femmes ont un instinct qui leur fait deviner les hommes qui les aiment.

Honoré de Balzac

Nous recevons une multitude d'informations conscientes et inconscientes. En dehors de ce que vous voyez et de ce que vous entendez, il y a aussi ce que vous ressentez. C'est étrangement la part de nous-mêmes que nous négligeons, la plupart de temps, cette part nommée l'intuition qui engrange des informations pourtant très importantes à propos de la personne avec qui vous communiquez. C'est cette faculté intuitive qui fait que vous vous sentez bien ou à l'aise sans trop savoir pourquoi. Dans ce cas de figure, le pourquoi importe peut, il faut en revanche accueillir cette sensation et rester attentif au message qu'elle envoie.

À l'inverse, l'agacement ou la méfiance que la personne déclenche en vous peut être dû à plusieurs facteurs : votre interlocuteur a un défaut que vous refusez de voir en vous, des qualités que vous jalousez, elle se moque de vos valeurs, il y a en elle un dysfonctionnement que vous ressentez sans pouvoir le définir.

Dans ce monde où la vitesse est reine et où il est difficile de se centrer sur soi-même, l'intuition n'a pas bonne presse. C'est dommage car l'intuition est une sorte de GPS intérieur : soudain, elle invite à prendre une rue que l'on ne prend pas d'ordinaire et voilà que l'on tombe nez à nez avec une amie d'enfance perdue de vue depuis longtemps. Elle suggère, parmi tous les livres de la bibliothèque municipale, celui qui apportera la réponse à une question en suspend depuis longtemps. Elle permet de choisir parmi des dizaines de personnes celle qui deviendra l'ami cher ou l'amant adoré. C'est elle qui donne le coup de cœur quand on est à la recherche d'un appartement.

L'intuition est délicieuse car elle a quelque chose de magique. L'écouter, c'est laisser la place à ce que Carl Gustav Jung appelait la synchronicité : le disciple de Freud a consacré une grande partie de sa vie à effectuer des recherches sur ce phénomène. La synchronicité est la simultanéité d'au moins deux phénomènes qui ne présentent pas de lien de causalité - ce qu'on appelle plus communément une coïncidence. L'histoire veut que Jung était en train de traiter une jeune patiente. Celle-ci rêva une nuit qu'elle recevait en cadeau un scarabée doré. Pendant qu'elle racontait son rêve à Jung, assis le dos à la fenêtre fermée, un bruit se fit entendre. Jung se retourna et vit qu'un insecte, en volant, avait heurté la fenêtre. Il ouvrit celle-ci et attrapa la bestiole. C'était un hanneton : l'insecte qui ressemble le plus au scarabée.

Un jour que nous parlions de voyage, mon ami Gilles me dit[70] *:*
– L'année de mes vingt ans, je suis allé à Athènes.
– Moi aussi, lui ai-je répondu.
– Oui, mais moi, j'y suis allé avec un bus qui partait à l'époque d'Amsterdam, traversait la France, le Nord de l'Italie, la Yougoslavie avant d'arriver en Grèce, a-t-il enchaîné.

J'ai ri :
– Tu es en train de me parler du Magic Bus...

– Oui, c'est ça, le Magic Bus. Comment tu le sais ?
– Eh bien, l'année de mes vingt ans, je suis allée à Athènes en prenant le Magic Bus.
– Oui, mais moi, je suis parti avec un ami qui s'appelait Nicolas, a-t-il rétorqué.
Là, je n'ai pas ri. J'avoue avoir accusé le coup.
– Eh bien..., ai-je réussi à dire après un certain temps, ... la copine qui m'accompagnait s'appelait... Nicole.

Nous sommes énergie et nous attirons des énergies en fonction de celle que nous portons. C'est une idée parfois difficile à admettre car nous avons l'esprit cartésien mais cette énergie n'est ni plus ni moins crédible que celle des forces magnétiques qui maintiennent les planètes à égale distance les unes des autres dans le vide intersidéral, que celle de l'attraction terrestre qui nous permet de garder les pieds sur terre, que celle du téléphone qui nous permet de parler grâce au fil

70. Joëlle.

invisible constitué d'ondes à quelqu'un qui se trouve à 5 000 kilomètres.

Dans la pensée positive, nous ressentons ce que nous avons envie de faire et si nous tentons d'aller au bout cette envie, nous allons nous apercevoir que nous allons réellement rencontrer au fur et à mesure de notre existence les personnes et les situations qui nous sont propices. Tout se passe comme si nous attirions sur un certain plan de conscience ce dont nous avons besoin pour réaliser ce sur quoi nous nous sommes connectés. C'est ainsi que nous créons les opportunités nécessaires à notre développement personnel. Il faut être juste avec soi-même, accepter que la vie ait un sens, que nous ne sommes pas seuls, que nous faisons corps les uns avec les autres, avec l'humanité, que nous participons d'une conscience vibratoire, universelle. L'univers concourt à nous aider à réaliser ce qui correspond vraiment à ce que nous souhaitons. Il ne s'agit plus de dire : *Ce n'est pas bien ce qui m'arrive,* mais : *Si ça m'arrive, qu'est-ce que j'en fais ?*

Vivre avec son intuition vient palier cette solitude que l'on ressent parfois dans des moments d'adversité. Elle joue le rôle de guide ou de conseiller. De la même manière, notre subconscient est un allié que l'on peut solliciter dans nos rêves pour obtenir des éclairages sur des aspects confus de notre quotidien.

Les forces de caractère

L'utopie, ce n'est pas l'irréalisable, mais l'irréalisé.
Théodore Monod

Nous possédons une formidable énergie vitale que l'on appelle parfois la force de caractère. C'est elle qui nous permet de nous surpasser, d'aller au-delà de nos limites. Pour s'en convaincre, il suffit de penser au premier homme qui a marché sur la lune, à ces chercheurs et ces chercheuses qui ont consacré leur existence au mieux-être de l'Humanité en isolant les molécules qui éradiquent de maladies terribles, aux inventeurs de tous les temps, de Gutenberg à Bill Gates en passant par les sportifs de haut niveau. Lors des Championnats du monde d'athlétisme de Moscou, en août 2013, ces derniers nous ont une fois de plus offert le plaisir de les voir concourir, se dépasser, aller au bout de leur enthousiasme, de leur passion, de leurs forces. Ils nous ont, une fois de plus, donné des exemples concrets de ce qu'est une indéfectible motivation. Chacun a pu voir la joie de Julius Yego, né au Kenya, qui a choisi le lancer du javelot en regardant des vidéos sur internet et s'est entraîné en autodidacte en visionnant les finales olympiques sur la Toile. Chacun a pu également apprécier celle de Mélina Robert-Michon, médaille d'argent au disque, récompensée à 34 ans pour sa persévérance : elle a eu la force de revenir au plus haut niveau après une maternité. Dans *Mohamed Ali, un destin américain*[71], Alexis Philonenko raconte la vie du boxeur Mohamed Ali : *Il a transformé l'entraînement en lui infusant des litres de joie,* écrit-il. *Les premiers locaux où il s'entraîne sont bien moins beaux que ceux de Liston, mais en un sens, c'est la cité de la joie (...) Il croyait qu'il était possible de conduire un entraînement de fond avec allégresse (...) Le résultat le plus visible fut la transformation du corps de Mohamed Ali. Un peu enveloppé dans ses premiers combats (...), il est devenu une merveille de la nature.*

Le manuel des forces de caractère et des vertus élaboré par Christopher Peterson et Martin Seligman identifient vingt-quatre forces de caractères regroupées en six vertus qui font d'une personne quelqu'un d'admirable.

Il y a d'abord la sagesse ; elle mobilise les forces qui impliquent l'acquisition et l'utilisation des connaissances. Avec la créativité, l'ingéniosité et l'originalité, vous élaborez, vous cherchez et inventer de nouvelles options. La curiosité et l'intérêt que vous portez au monde mettent en lumière le fait que tout vous intéresse. Vous posez des questions, vous explorez. Grâce au discernement, à la pensée critique et à l'ouverture d'esprit, vous examinez, vous réfléchissez et vous décidez après mûre réflexion. L'amour de l'étude et de l'apprentissage avec d'autres ou par vous-mêmes est une opportunité qui vous enthousiasme. À la faveur des perspectives,

71. Publié chez Bartillat, Paris, 2007.

vous savez prendre du recul, votre entourage suit vos conseils avertis.

Puis il y a le courage ; il mobilise les forces émotionnelles qui impliquent l'exercice de la volonté afin d'atteindre les buts que l'on s'est fixés malgré les obstacles. L'usage de la vaillance vous permet de ne pas reculer devant la menace, les défis ou la douleur. Vous prenez la parole en faveur de ce qui est juste et vous agissez selon vos convictions. L'assiduité, l'application et la persévérance vous permettent de travailler dur et de finir ce que vous avez commencé dans les délais impartis. Vous ne vous laissez pas distraire et vous tirez de la satisfaction à faire des efforts. Grâce à l'honnêteté, à l'intégrité et à la sincérité, vous dites ce que vous pensez et vous vivez votre vie d'une façon sincère et authentique. Ancré dans la réalité, vous êtes quelqu'un de « vrai » sur qui l'on peut compter et en qui on peut avoir confiance. Votre joie de vivre, votre enthousiasme et votre vigueur vous permettent d'aborder vos journées avec passion et énergie. La vie pour vous est une belle aventure.

Puis il y a l'humanité ; elle mobilise les forces interpersonnelles qui impliquent de se soucier des autres et d'en faire des amis. Cela induit la capacité d'aimer et d'être aimé : vous accordez votre confiance et votre attention aux relations intimes avec les autres. Votre gentillesse et votre générosité font de vous quelqu'un toujours prêt à rendre service. Vous aimez accomplir de bonnes actions vis-à-vis d'autrui. L'intelligence sociale vous guide : vous prenez conscience des sentiments des autres et de ce qui les motive, vous savez comment les mettre à leur aise et naviguer socialement.

Puis il y a la justice ; elle mobilise les forces qui sont à la base d'une vie sociale harmonieuse, d'une vie communautaire saine. Votre sens de la citoyenneté, votre capacité à travailler en équipe et votre fidélité vous permettent d'exceller en groupe. Camarade fidèle, vous faites tout ce que vous pouvez pour le succès du groupe. Votre sens de l'impartialité, équité et justice vous permet de traiter les gens de manière équitable. Vous donnez à chacun sa chance. Votre capacité de leadership vous sert pour diriger et encourager un groupe à l'action. Vous savez donner à chacun sa place au sein de l'équipe.

Puis il y a la tempérance et la modération ; elles mobilisent les forces qui protègent contre les excès. Par le biais de la clémence, vous pardonnez et donnez une seconde chance à ceux que vous rencontrez. La vengeance ne vous intéresse pas. Grâce à votre modestie et votre humilité, vous laissez vos actes parler d'eux-mêmes. Vous ne vous considérez pas comme étant quelqu'un de spécial. Précaution, prudence, et discrétion font de vous un être prudent : vous ne faites rien que vous risqueriez de regretter par la suite. Votre maîtrise de soi et votre autorégulation vous permettent de contrôler ce que vous ressentez et ce que vous faites. Vous êtes discipliné.

Puis il y a la transcendance ; elle mobilise les forces qui favorisent l'ouverture à une dimension universelle et donnent un sens à la vie individuelle. La reconnaissance de la beauté est importante pour vous : vous savez la remarquer et l'apprécier, ainsi que l'excellence et les performances. Vous êtes un être de gratitude, conscient des choses positives qui vous arrivent, vous ne considérez pas qu'elles vous sont dues, vous prenez le temps d'exprimer vos remerciements. L'espoir, l'optimisme vous donnent confiance en l'avenir. Grâce à votre sens de l'humour et à votre enjouement, vous aimez rire et procurer aux autres de la joie et de la bonne humeur. Et vous, où en êtes-vous de votre « admirabilité » ?

La joie pour l'autre

L'altruisme, c'est le fil d'Ariane qui relie le court terme de l'économie, le moyen terme de la qualité de vie et le long terme de l'environnement.

Matthieu Ricard

Qu'ils sont touchants, ces humains qui font pousser leurs salades et achètent quelques poules ! Qu'elles sont dynamisantes, ces associations qui pratiquent l'intelligence collective pour innover sans cesse. Chaque jour, des actes de résistance se mettent en place et chaque jour, l'enfant en nous jubile, plein d'espoir de voir l'adulte que nous sommes devenus se mobiliser pour le meilleur. Nos intuitions sont bonnes, notre imaginaire est fécond, notre créativité est sans limite et notre joie est insubmersible. *Je vous en conjure, ô mes frères, demeurez fidèles à la terre et ne croyez pas ceux qui vous parlent d'espérances supraterrestres. Sciemment ou non, ce sont des empoisonneurs. Ce sont des contempteurs de la vie, des moribonds, des intoxiqués dont la terre est lasse : qu'ils périssent donc ! Ainsi parlait Zarathoustra*[72]. Un nouveau sens de la responsabilité écologique faisant appel à des sources d'énergies renouvelables, produites par tous et pour tous émerge. De même qu'une volonté de réactiver le lien social en prenant en compte les fragilités de chacun et de l'interdépendance qui nous lie commence à colorer les esprits. En redonnant force et vigueur à la notion d'égalité, nous invitons chaque individu et chaque État à faire son examen de conscience et à s'efforcer de donner plus qu'il n'a reçu. Puisque nous sommes prédisposés à l'élan empathique, c'est en misant sur l'altruisme et l'entraide que nous pourrons rétablir un meilleur équilibre de notre biosphère.

La joie nous rend généreux, car nous avons tout : rien ne manque à notre bonheur lorsque nous ressentons cette expansion, le cœur est naturellement ouvert et notre nature s'exprime alors par le don et le partage. Cette tendance découle de l'expérience physique et métaphysique de la joie, elle en est la conséquence naturelle et à ce titre ne nécessite aucun effort, aussi

72. Friedrich Nietzsche, Livre de poche, Paris, 1972.

simple que le soleil qui brille ou la rose qui exhale sa couleur et son parfum.

J'ai vu Sylvain et Jeanne, couple de 70 ans, entrer dans la salle du club de rire à deux mètres de distance l'un de l'autre, rire aux éclats et s'en aller main dans la main une fois la séance terminée[73].

Cultiver l'altruisme, cette part de nous qui va aux autres… Cela signifie se donner comme objectif d'être meilleur aujourd'hui qu'hier. Il va de soi que joie et altruisme sont liés : l'humeur joyeuse incite à écouter, à entrer en empathie et nous avons de sérieuses probabilités de croire qu'elle est innée : quelques heures après leur naissance, les bébés pleurent dès qu'ils entendent d'autres bébés pleurer. Les enfants, même tout petits, aiment rendre service. Alors qu'ils sont plongés dans des jeux passionnants, ils viennent spontanément aider un adulte qui a besoin d'eux. Nous savons aussi que les singes, êtres de communauté par définition, sont très attentifs au bien-être de ceux de leur groupe qui sont différents. Quand l'un des leurs a des difficultés à se nourrir, courir, sauter, grimper, les autres singes du groupe manifestent à son égard une attention particulière. Dans son *Plaidoyer pour l'altruisme*[74], Matthieu Ricard s'inscrit en faux contre l'idée d'un « égoïsme universel » :

73. Martine.
74. Éditions Nil, Paris, 2013.

C'est vraiment un a priori, explique-t-il. *Il n'y a aucune étude scientifique qui donne la moindre crédibilité à cette idée.*

J'ai vu un très beau reportage au journal télévisé au moment de la grève des égoutiers de Paris, en mars 2014[75]. *Le commentateur rappelait à quel point leurs conditions de travail sont difficiles : ils travaillent sous terre toute la journée, réparent les canalisations abîmées au milieu des déjections et de la puanteur et ils touchent de petits salaires. Les hommes interviewés ont tous dit leur fierté d'exercer ce métier, de contribuer (dans l'ombre !) au bien-être des Parisiens. Ils ont parlé de la solidarité qui existe entre eux, de la grande famille qu'ils forment. Cela m'a fait penser à d'autres grands corps de métiers très durs, les marins pêcheurs, les sidérurgistes. En 1984, les mineurs anglais ont lancé une grève qui a duré un an. Ils étaient 150 000 et ce mouvement a mobilisé dans un élan de solidarité incroyable des millions de travailleurs. De nouvelles structures de solidarité sont nées comme les comités de femmes qui se sont organisés pour que les familles puissent avoir de quoi manger et payer les factures pendant tout ce temps. Dans un tout autre registre, les femmes kenyanes, s'inspirant de Lysistrata, ont déclenché une grève du sexe en 2009. Elles voulaient mettre un terme aux rivalités politiques à la tête de l'État qui risquaient de dégénérer en guerre civile. Une souscription a été lancée afin de payer les prostituées pendant le temps de la grève pour qu'elles puissent se joindre au mouvement. L'épouse du premier ministre elle-même y a participé.*

75. Joëlle.

Tous les grands combats universels, toutes les avancées sociales sont nées d'une volonté altruiste, celle d'œuvrer pour le bien collectif. La démarche est d'abord individuelle. Elle pousse l'homme à unir ses forces à celles du voisin de manière à former une chaîne de solidarité très difficile à briser. On lui doit le droit de vote des femmes, la fin de l'esclavage, celle de la barbarie nazie. *Je voudrais vous plonger dans la joie de vivre, vous savoir dans le bonheur*, disait Rosa Luxembourg.

La crise oblige à faire preuve d'imagination. Des coopératives naissent pour faire face à la fermeture d'entreprises. Des ouvriers montent des scops pour racheter leur entreprise en faillite comme l'ont fait en 2012 six cadres de l'entreprise Fibrosud, à Saint-Mathieu-de-Tréviers, tout près de Montpellier. Ils ont réussi à négocier le rachat de leur outil de travail pour une bouchée de pain, la jouissance gratuite des locaux pendant un an et quelques contrats. Chacun d'entre eux a versé 1 400 euros au capital. L'altruisme est la sœur aînée de l'humilité qui nous rend disponible pour accueillir l'autre, quel qu'il soit et d'où qu'il vienne.

Coopérez, plutôt que de vouloir être le premier. Ne vous comparez pas aux autres, soyez créatif et aimant. Laissez s'exprimer la beauté à travers vous, soyez un passeur, n'empêchez rien. Soyez entièrement dans vos actes, vos paroles, vos gestes et vos chants, c'est dans cette totalité que la joie peut surgir. Ne détruisez le bonheur d'aucun autre, mettez plutôt votre créativité en œuvre pour inventer un espace dans lequel chacun éprouvera plus de joie. La récompense est dans l'engagement : lorsque vous marchez, cuisinez, écrivez, faites-le avec votre être tout entier de sorte que l'univers marche, cuisine, écrive avec vous. Pas besoin de médaille, de lauriers, de plaque de marbre à votre nom, renforcer l'ego est une perte de temps. En agissant à partir de votre cœur, vous êtes déjà comblé.

Depuis Saint Martin qui a coupé son manteau en deux pour le partager par temps de grand froid, nous savons que partager donne de la force et du sens à notre existence. Posséder ne rend pas heureux, c'est dans l'allégement que l'on trouve la joie. Il y a des gens qui ne savent pas jeter. Ils accumulent, entassent, se protègent par la présence d'objets aussi inutiles qu'encombrants. Quel dommage ! Il est important, régulièrement, de « faire le vide », y compris au sens littéral du terme. Allez de temps en temps jeter un coup d'œil dans vos placards. Si vous y repérez un vêtement que vous n'avez pas mis depuis plus d'un an et que vous gardez « au cas où », vous pouvez vous en séparer sans problème : il y a de très fortes probabilités pour que vous ne portiez plus jamais. Faites un paquet des habits qui vous encombrent et donnez-le à une association qui prend en charge leur recyclage : vous leur donnerez ainsi la chance d'avoir une deuxième vie et vous ferez des heureux car ces associations embauchent souvent des personnes qui ont besoin d'être réinsérées socialement pour faire le tri et vendre les vêtements en bon état. Elles en distribuent gratuitement aux familles qui en ont besoin. Quant à vous, vous ferez de la place pour… de la place !

L'émerveillement

Redevenir un enfant, c'est retrouver et revivifier ce regard et cette lumière que nous avons laissée s'éclipser [...], mais que nous n'avons jamais vraiment totalement perdue. Cette vision est celle de l'émerveillement ou de l'admiration devant la splendeur du monde, des gens, des choses.

Thomas Traherne

Il est important de faire des pauses pour prendre conscience de la beauté de ce qui nous entoure. C'est un acte d'une simplicité absolue, pourtant source d'un émerveillement dont il est dommage de se passer, trop pressés que nous sommes à sauter d'une activité à l'autre.

L'anodin peut être source d'émerveillement si nous savons le regarder. En nous adaptant vite aux choses bonnes et moins bonnes qui nous entourent, nous cessons de les voir. Ce mécanisme d'adaptation est utile, parfois même salvateur. Pourtant, il voile notre regard. Assez vite, le jour qui se lève devient un moment banal, la personne qui vit à nos côtés prévisible. Dommage ! Le lever du soleil qui donne la vie relève du souffle que l'on suspend, de la sacralité. Imaginez qu'un matin, le soleil ait décidé de nous bouder, que la terre ait cessé de tourner. *J'anime des ateliers d'écriture en province*[76]. *L'hiver, il me faut partir très tôt, vers six heures. Lorsque je roule sur l'autoroute et que j'aperçois à l'est la terre qui rosit, le noir d'encre qui vire au bleu marine, c'est toujours un moment de joie absolue. D'un coup, l'univers sort de ce noir qui fait si peur aux enfants, le monde revêt ses jolies couleurs hivernales tout en teintes pastel. On dirait une aquarelle.*

N'oubliez jamais que celui ou celle qui partage notre vie est unique et en renouvellement permanent. Le lien qui nous unit donne du sens à notre vie commune. Il est très important de se sentir relié à la terre, au ciel et aux autres : cela donne un puissant sentiment d'existence.

Quand je cours à l'automne dans le bois de Vincennes[77], *je m'arrête parfois, le souffle coupé non pas par la course mais par la splendeur des tapis de feuilles aux formes parfaites, déposés au pied des arbres : un vaste rond jaune au pied des platanes, orangé au pied des ormes, rouge sang au pied des érables. Cette harmonie, cette perfection, cette composition parfaite, l'éclatante luminosité de toutes ces couleurs chaudes dans ce moment un peu nostalgique qui accompagne la chute des feuilles m'émeut profondément. C'est beau comme un tableau de maître. J'ai chaque fois le sentiment que l'on m'offre un cadeau somptueux, la sensation d'un grand privilège…*

76. Joëlle.
77. Idem.

La joie de l'enfant vient en grande partie de sa capacité à s'émerveiller en permanence. Regardez-le au cirque, comme il rit et comme ses yeux brillent du spectacle des artistes. Comme il est captivé. Adulte, comment retrouver l'innocence, cette part en soi, non coupable, aussi pure que la neige ? Qui vous émerveille ? Qu'est-ce qui vous émerveille ? Fermez les yeux un instant et songez-y, il y a quelque chose ou quelqu'un qui sait vous émerveiller. *Hier, je regardais un reportage animalier, une antilope née depuis peu tentait de tenir sur ses pattes, lorsqu'elle y est parvenue elle s'est mise à frétiller de joie, à bondir, à courir, chaque millimètre de son corps exprimait la joie de vivre, de sauter, la joie d'être vivante, c'était un spectacle pur et intense*[78]. *Cette antilope m'a fait un inestimable cadeau, son intense moment de vie m'a saisie et me fait penser à tous ces jeunes enfants ou à tous ces jeunes animaux qui expriment si bien leur jubilation d'exister, la joie est dans le corps, elle transparaît par tous les pores, explose alentour, rafraîchit tout sur son passage, elle est l'insoutenable joie de l'être…*

Briser la ligne rectiligne des habitudes quotidiennes, de la routine, changer d'horizon. Ah, le voyage, les grands espaces, les contraintes mises entre parenthèses le temps d'une escapade, le dépaysement, l'aventure ! Françoise et Claude Hervé ont parcouru la planète à bicyclette. Ils pensaient partir trois ans, ils en mirent en fait quatorze pour aller au bout de leur envie. Après le premier tour de roues le 1er avril 1980, ils ont traversé

78. Martine.

66 pays, parcouru 150 000 kilomètres, crevé 503 fois avant de rentrer… avec un bébé, *heureux et riches de toutes nos expériences, de toutes nos rencontres, de toutes nos expériences vécues. Ce n'était plus un périple, mais une façon de vivre,* expliquent-ils dans le livre qu'ils ont écrit à leur retour, *Le tour du monde à vélo*[79]. *Durant toutes ces années, nous sommes devenus des nomades disponibles à toute éventualité et toujours prêts à rester avec les gens, à travailler, à les aider. Ces quatorze années nous ont montré toutes les possibilités qu'offrait la vie.* Au cours de leur périple, on leur a souvent posé la question suivante :

– Une fois en France, qu'allez-vous faire ?

– Aucune idée.

– Eh bien ! Et vous n'avez pas peur ?

– Non ! L'aventure est maintenant au coin de la rue. Le bonheur aussi…

L'ethnologue, poète et écrivain Jacques Meunier aimait répéter que : *Voyager, c'est être une sorte d'enfant professionnel. L'étonnement est une vertu première.* L'émerveillement permet de rester éternellement jeune, de conserver un regard de fraîcheur permanente sur la beauté du monde et de la vie. *J'adore voyager*[80]. *Selon moi, la nouveauté régénère et enrichit. J'ai parcouru le monde et partout, j'ai rencontré des gens merveilleux. Je me souviens notamment d'un séjour sur le site de Palmyre, en Syrie. Le personnel de l'hôtel était exclusivement masculin et comme nous étions hors saison,*

79. Le Cherche Midi éditeur, Paris, 1995.
80. Joëlle.

j'étais la seule cliente. J'avoue avoir eu un moment de crainte quand j'ai compris que j'étais la seule femme de l'établissement, seule dans un lieu désertique où le bus passait rarement. Je suis allée visiter ce qui restait des splendeurs de la ville de la reine Zénobie. À mon retour, j'ai découvert que les garçons avaient fait porter des fleurs dans ma chambre. Puis, le patron du petit restaurant où je suis allée dîner a refusé que je paye le repas. Durant les trois jours de mon séjour, j'ai été vraiment choyée. En visitant l'Alhambra de Grenade, je me suis sentie fière d'appartenir à la communauté de ces hommes qui ont su bâtir la merveille qu'est ce palais en dentelle de pierre ; j'ai pu apprécier la grandeur de l'homme quand il met son génie au service de la beauté.

S'ouvrir et s'épanouir

Quand on a besoin de peu de chose, un rien suffit,
et quand un rien suffit, on n'a pas besoin de grand chose.
Le plus grand secret pour le bonheur c'est d'être bien avec soi.

Pierre Dac

Il nous arrive d'être profondément tristes et heureux en même temps. Lorsqu'un être cher est menacé, par exemple, tout l'amour qu'on lui porte circule et remonte à la surface intensément. L'immense nouvelliste canadienne Alice Munro, prix Nobel de littérature 2013, écrit dans

Les lunes de Jupiter[81] *: Je compris qu'avec une personne condamnée, les formes de l'amour peuvent être maintenues, mais à cette différence que cet amour est mesuré, discipliné parce qu'il faut soi-même survivre. Ce pourrait être fait avec tant de discrétion que l'objet de cette attention n'aurait pas de soupçons, pas plus qu'il ne soupçonnerait l'arrêt de mort. Nichola ne savait pas, ne saurait pas. Jouets, baisers, plaisanteries pleuvaient sur elle ; elle ne saurait jamais malgré mes craintes qu'elle ne sentît le vent par les fissures des jours fabriqués pour elle.*

Quelle jolie manière de dire qu'en se dérobant au présent, nous nous dérobons au futur. Demain est le fruit du germe de maintenant ; cultiver la joie, c'est la ressentir immédiatement, quelles que soient les circonstances. Sacrifier le présent « en attendant mieux » ne conduit pas à un futur merveilleux. Lâcher prise convient mieux, se détendre dans l'instant en décidant d'être heureux est le meilleur contrat d'assurance sur l'avenir auquel nous puissions souscrire.

Nous vivons d'autant plus intensément que nous nous ouvrons un peu plus à l'autre, à la nouveauté, à la diversité des cultures et à la spécificité des êtres. Chaque jour, nous communiquons avec des êtres que nous ne reverrons plus jamais. Garder cela à l'esprit rend chaque rencontre précieuse. Ce premier et dernier contact avec celui ou celle que nous ne reverrons pas est l'essence même du maintenant, instant privilégié à ne pas

81. Points, Paris, 2013.

manquer. Comme nous, cette personne traversera une vie de joies, de deuils, de défis, elle sera confrontée à la maladie et la mort. Ce bref échange n'est-il pas précieux et infiniment sacré ? Cette reconnaissance d'un autre soi-même embarqué vers des rivages inconnus n'est-elle pas émouvante ? Être conscient de cette magie permet d'offrir le meilleur de soi, à travers un regard ou un mot, choisir d'aimer à ce moment-là est ce que nous avons de meilleur à offrir. Que dire alors de nos proches, ceux

que nous côtoyons sans les voir, choisissant par défaut la mécanique d'un contact à la surprise ? Et s'il suffisait de prendre le risque de se surprendre soi-même, de devenir créateur d'inattendu ? Faire ou dire ce qu'on n'a jamais fait ou dit, exprimer clairement ce que l'on veut ou ce dont on rêve, oser l'improbable comme prendre dans ses bras celui à qui on donne une vague accolade depuis des années, vivifier ce à quoi on ne croit plus comme la sexualité dans le couple qui a déjà dix ans d'âge. Ne pas attendre mais s'engager totalement dans chaque acte social et dans chaque parole rend la vie intense, profonde et pleine d'échanges. Le rapport que l'on établit avec l'autre est surprise, impliquons-nous de façon à saisir toutes les chances, comme si ce jour était le dernier.

La majorité d'entre nous aspire à un bonheur tranquille, c'est-à-dire à être comblé par la vie de famille, à trouver un équilibre, à ne pas avoir de problèmes d'argent, à mener sa vie selon ses aspirations, à atteindre la sagesse et la paix intérieure, à rencontrer l'amour de sa vie. L'une des clés de ce bonheur tranquille passe par le refus du gaspillage, comme le préconise Pierre Rabhi[82]. Cessez d'accumuler, de vivre dans l'inquiétude. Partagez, faites circuler, cherchez à profiter de ce que la terre offre à tous comme le font les peuples dits primitifs, les Aborigènes ou les Buchmen, qui ne mangent que ce qui est strictement nécessaire pour leur bien-être et ne tuent pas les animaux pour le plaisir. Le gaspillage n'existe pas dans ces sociétés où le monde animal, végétal et minéral est respecté pour tous les bienfaits qu'il procure.

La vie procure exactement l'expérience dont nous avons le plus besoin afin que notre conscience évolue. *Lorsque mon fils est né sourd profond, j'ai cru que la terre se dérobait sous moi*[83]*, jamais je n'aurais imaginé avoir un fils sensoriellement handicapé, pas moi ! Cet enfant m'a appris tant de choses… Tout d'abord à renoncer à mon idéal d'enfant, ce qui est le lot, je pense, de chaque parent. Ensuite, j'ai appris ce qu'est la différence. Chacun de nous est unique mais quand il y a la différence de communication, quand celle-ci n'est plus simple ou évidente, nous sommes invités à prendre sur nous-mêmes, à faire des efforts, à sortir des sentiers battus, à s'émanciper du regard des autres. J'ai appris à regarder mon enfant dans sa singularité, c'est lui qui m'a enseigné comment prendre soin de lui, comment entrer en contact, comment me faire entendre. J'ai eu envie de lui faire confiance car il savait ce que j'ignorais de ses*

82. *Vers la sobriété heureuse,* Éditions Actes sud, Arles, 2013.
83. Martine.

besoins, de son identité, de ses ressources. J'ai pu m'émerveiller de sa mémoire visuelle : il avait vu un film de Charlie Chaplin à 4 ans. À 7 ans, évoquant certaines scènes, il me racontait la suite du film dont je ne me souvenais évidemment pas. C'est lui qui m'a appris la bonté car je ne l'ai jamais vu ou entendu critiquer quelqu'un ou se moquer de qui que ce soit : sa tolérance est vaste et il est solidement campé au sol. J'ai dû atterrir et m'incarner pour faire face à ses côtés.

C'est en creusant profondément en soi que l'on accède à la légèreté. Le retour en force de la valeur familiale est un réflexe de bon sens : pour 95 % des Français, rien n'est plus important que de partager des moments avec leurs proches ; ils affirment que la famille est leur tout premier espace de confiance, leur première source d'épanouissement. De quoi nous rendre tous heureux…

Thérèse avait l'habitude de dire : *Il lui manque toujours six sous pour faire un franc* image populaire pour dire qu'on n'est jamais satisfait de ce que l'on a. Avouez-le… N'avez-vous jamais pensé que vous seriez plus heureux, que vous réussiriez vraiment votre vie si vous aviez plus d'argent, ou plus de temps, ou plus de sérénité, ou plus de chance, ou plus de courage, ou plus d'amour, ou plus d'amis, ou plus de pouvoir, ou plus de… ? Nous vivons tous des hauts et des bas en poursuivant nos objectifs. Il n'est pas rare de décider qu'il est temps de manger plus sainement, nous commençons à reprendre une activité physique régulière et puis une situation se met à nous préoccuper, nous perdons nos velléités de bien faire, les nouvelles bonnes habitudes qui viennent d'être prises, et nous nous retrouvons, comme au jeu de l'oie, à la case départ. Ou encore, nous apprenons à vivre le moment présent intensément, puis, sans même nous en rendre compte, nous nous laissons aspirer par le tourbillon habituel de nos pensées, et tout est à recommencer. Encore et encore. Ce n'est pas grave ! Oui, nous vivons des hauts et des bas. Oui, nous prenons de bonnes habitudes d'exercice physique ou d'alimentation saine. Oui, nous trébuchons et nous nous jugeons sévèrement de ne pas être plus déterminé. Mais en réalité, où est le problème ? Quitter occasionnellement le chemin ne nous empêche pas de le retrouver. Les hauts et les bas font partie intégrante du processus, il est inutile de se culpabiliser.

Lorsque l'on commence à oublier ses intentions, il suffit de se recentrer pour retrouver l'énergie nécessaire pour se relever. Il est inutile de s'en vouloir d'être tombé. Aimez-vous aussi lorsque vous chutez. Quand les pensées parasites phagocytent l'esprit, il est bon de s'octroyer un temps de suspension duquel on ressort régénéré et nourri. Cela permet de dire « non » aux jugements, aux ratiocinations, aux peurs limitantes, aux idées toxiques, où que l'on soit et quoi que l'on fasse - transport, courses, rangement. Cela est d'autant plus nécessaire que nous accomplissons une corvée dans laquelle nous nous investissons peu mentalement et qui nous donne l'occasion de ruminer du négatif. En trouvant le moyen d'être présent dans ces moments ennuyeux et répétitifs, nous reprenons du pouvoir sur notre quotidien et ce qui était source de lourdeur devient terrain de jeu. Cette expertise, les petits la détiennent naturellement. Observons comment nos enfants savent profiter de chaque instant, tout comme nos animaux domestiques. Cessons de croire que nos responsabilités nous empêchent de savourer le présent : c'est faux. Nous pouvons être responsables, avoir besoin d'anticiper, avoir quantité de choses à gérer et respirer à l'intérieur de tout cela. Ne cédons pas au rythme effréné qui nous fait croire que tout se passe plus tard, quand j'aurais… quand je serais… Mort ?

Dans *Comment être heureux et le rester*[84], Sonja Lyubomirsky explique que notre niveau de bonheur relève à 50 % de notre patrimoine génétique et à 10 % (seulement) de ce que nous « possédons » (conjoints, enfants, diplômes, santé et biens matériels) : voilà qui va à l'encontre de nos croyances matérialistes. Enfin, à 40 %, et c'est là la bonne nouvelle, notre niveau de bonheur vient de notre libre arbitre, c'est-à-dire de la manière dont nous abordons et voyons les choses. Devant le fait qu'il pleut, Pierre va rester couché en pestant contre la météo tandis que Paul va chausser ses bottes de caoutchouc et chanter sous la pluie : nous sommes plus libres que nous ne l'imaginons, à condition de ne pas craindre cette liberté et de nous en emparer pour créer le monde dans lequel nous souhaitons vivre.

84. Marabout, Paris, 2013

La joie au travail, c'est possible

Sifflez en travaillant : Ha hi, ha ho, on rentre du boulot…

Blanche Neige et les sept nains

Aujourd'hui, de nombreux chefs d'entreprise ont compris la valeur de la bienveillance au travail. Ils savent que rire en travaillant n'a rien à voir avec un manque de sérieux, bien au contraire ! Se sentir détendu accroît la productivité. Pour améliorer le bien-être de leurs salariés, ces patrons doués d'une intelligence du cœur incontestable revisitent leurs pratiques et leurs méthodes de travail, font appel à des coachs et proposent des formations où un nouveau type de management est mis en avant pour favoriser de meilleures relations et l'épanouissement professionnel. Cela passe par l'ouverture de crèches sur les lieux de travail, de salles de sport et de repos où les salariés peuvent se détendre pendant la pause déjeuner, la possibilité d'exercer le télétravail dans le cas de certaines missions.

L'École internationale du rire et du bonheur fondée par Corinne Cosseron est régulièrement sollicitée pour organiser des stages et des ateliers de psychologie positive. Corinne nous rappelle que les récentes études des neurosciences et de la psychologie positive sont formelles : le bonheur au travail est rentable. On peut ainsi lire sur son site internet[85] : *S'occuper du bonheur de ses employés permet d'accroître leur motivation et leurs performances, d'attirer et fidéliser les meilleurs talents, d'améliorer la productivité de l'entreprise et sa compétitivité tout en assurant sa pérennité. Investir dans son personnel, c'est investir dans le succès de son entreprise.* Et le bonheur est contagieux ! Le développer dans le monde du travail est un pari gagnant-gagnant. Martine est intervenue à la Clinique Turin et chez Toshiba. Voici les commentaires de Bettyna Level, directrice des ressources humaines de la filiale parisienne, reportés dans un article d'*Agir Magazine*[86] consacré à la santé au travail.

Une rigologue a organisé en interne une séance de Rigologie®. Au programme : évacuation du stress, respiration, jeux ludiques et fous rires collectifs L'ensemble de nos collaborateurs a retrouvé une âme d'enfant durant quelques instants et a partagé un grand moment de convivialité.

Nul doute que les participants sont sortis de la séance relaxés et que ces rencontres tissent une cohésion d'équipe basée sur la psychologie positive. Au sein de notre établissement, nous avons à cœur de cultiver le bien-être des salariés pour transmettre du bien-être aux patients.

Pierre Tissandier, P.-D.G. d'Orbite Toshiba région Méditerranée, apporte les précisions suivantes : *Votre*

85. www.ecolederire.org.
86. N° 49, novembre-décembre 2013.

intervention s'est déroulée de manière très satisfaisante avec une rigologue efficace menant parfaitement la séance, sans se laisser déborder, ce qui n'est pas facile avec une population majoritairement commerciale. L'ensemble des participants a apprécié cet angle nouveau de cohésion d'équipe et a pleinement joué le jeu, même si au tout début, il n'y avait rien d'évident. Avec le recul, on réalise que les exercices vont bien plus loin que le simple rire et obligent à se découvrir en mettant en évidence la personnalité de chacun. Il est essentiel de faire cet exercice en début de séminaire car il donne un élan pour le reste des journées. La présence de France 2 a été un plus sympathique avec une équipe très discrète et compréhensive. Bref une excellente expérience qu'il nous reste à transcrire au quotidien.

Ces deux petites phrases si banales en apparence sont pourtant pleines de toxicité : *Il faut travailler dur pour y arriver/On n'a rien sans rien.* Nous sommes convaincues, bien au contraire, qu'il faut travailler avec plaisir pour y arriver et que si le plaisir est là, peu importent les heures passées et les contraintes… *En tant 'qu'ex-experte' de la culture du stress, il m'est souvent arrivé de croire que le résultat était plus important que ma joie de vivre*[87]*. En acceptant d'être tendue, je posais le postulat que j'avais moins de valeur que l'objet de mon anxiété. Contractée, fermée, frustrée, je mobilisais une énergie considérable à obéir à tous mes 'il faut', 'tu dois'… Le visage du stress que je fabriquais était effroyable, la façon dont je me traitais en m'imposant des résultats n'était pas aimante. Et puis un jour, j'ai compris que m'aimer, c'était accepter celle*

87. Martine.

que je suis, qu'elle ait ou non des résultats. S'aimer veut dire se prendre dans les bras dans une inconditionnelle acceptation, à chaque pas. Il n'y a plus la partie qu'on aime en soi et celle que l'on rejette, pas de bien ni de mal, mais une unité de perception, de regard. Cette façon de me traiter me conduit naturellement à regarder les autres de la même manière, il est émouvant de vivre et d'être témoin de l'existence des autres, de voir chacun faire de son mieux…

Vivre en soi est suffisant, il n'est pas nécessaire d'en rajouter. Vous êtes plus important que tous vos résultats !

Se réjouir, une arme pour résister

Veux-tu vivre heureux ? Voyage avec deux sacs, l'un pour donner, l'autre pour recevoir.

Johann Wolfgang von Goethe

Thérèse vient de subir une opération. Elle souffre terriblement. C'est une indéfectible optimiste qui sait tirer parti de toutes les situations et devant la grimace de compassion de sa sœur, elle rit : *Cette souffrance, c'est la preuve absolue que je suis vivante et ça, c'est merveilleux. Et puis, chaque jour, je sens mes forces revenir, mes nausées s'atténuer et donc je sais que bientôt, tout sera comme avant.*

Tout est dit. Apprendre à se réjouir de la souffrance est déjà un grand pas de franchi en termes de sagesse, mais décider qu'il y aura mieux après la souffrance, qui n'est qu'une étape à traverser, comme toutes les étapes, c'est encore mieux ! Il en va de la souffrance physique comme de la souffrance psychique. Il est d'abord nécessaire de l'accepter, le rejet est toxique. Si vous avez la certitude qu'une vie réussie est une vie sans souffrance, dès que celle-ci fera irruption dans votre vie, vous serez affolé et la souffrance ne fera qu'augmenter. De la même manière, dire : *Ce n'est pas juste* ajoute juste de la souffrance - le sentiment d'injustice - à la dépression ou au mal-être. Le sentiment d'injustice nous consume de l'intérieur, nous vide de l'énergie nécessaire à l'action : il faut, en effet, agir pour faire en sorte que cette souffrance psychologique disparaisse. L'action neutralise les pensées négatives, c'est pourquoi se concentrer sur une tâche, faire du sport sont autant de baumes guérisseurs. Les anciens le savaient bien qui avaient coutume de nous répéter : *Travaille, tu penseras moins !* Et s'il faut penser, alors, évoquez des souvenirs joyeux, de bons moments partagés. Vous n'êtes pas obligés d'aller au bout de vos pensées sombres ou négatives. Vous pouvez leur claquer la porte au nez et choisir ce qui est bon pour vous. L'une des rieuses du club de Vincennes faisait judicieusement remarquer à l'issue d'une séance : *On aurait tendance, quand on n'a pas le moral, de se dire : 'Ce soir, je ne vais pas au club'. Mais c'est tout le contraire qu'il faut faire : s'obliger à y aller, c'est la garantie de changer d'humeur et de rentrer apaisée à la maison. C'est vrai, ça demande de faire un choix et un petit effort.*

Il existe autant de méthodes pour sortir de la souffrance psychologique qu'il existe d'individus. Chacun, au fond de lui-même sait ce qui lui fait du bien, ce qui l'apaise ; chacun peut se préparer son propre cocktail avec ses propres ingrédients. Pour l'un, ce sera le vélo, pour l'autre, les grands classiques du cinéma, pour le troisième, une soirée douce entre amis. Ne vous identifiez pas à vos problèmes, cessez de les nourrir. Quand un problème surgit, traitez-le comme un moustique : chassez-le ! Face à un fatras de problèmes et de stress, arrêtez-vous, changez de cap, vous faites fausse route, allez plutôt à votre rencontre.

Prenez garde à ceux qui veulent que vous pensiez, consommiez et vous comportiez comme eux. Refusez la conformité : respectez-vous, soyez libre et responsable, soyez vous-même, réel, rebelle. Ne rejoignez pas le troupeau des moutons qui bêlent, incarnez votre spécificité, c'est votre condition, votre droit et aussi votre devoir.

La plus vaine des guerres est de se battre contre soi, passer son temps à haïr des parties de soi qu'elles soient physiques ou liées au caractère. Créer un rapport de désamour vis-à-vis de soi-même empêche de changer et de progresser. Ce que l'on ne tolère pas en soi (la taille de son sexe, la forme de son nez, son égoïsme, sa radinerie ou sa paresse), plutôt que d'être méprisé doit impérativement être reconnu et accepté. C'est ainsi que l'on peut poser les bases du changement : imaginez que vous ne reconnaissiez pas et que vous n'acceptiez pas que le terrain que vous avez acheté pour bâtir votre maison soit un marécage. Croyez-vous que cette maison pourra voir le jour si vous ne faites pas le nécessaire pour assécher le terrain avant de creuser les fondations ? Il en va de même pour ce dont on a peur : l'autre, l'inconnu, sa propre sexualité ou homosexualité. Ils méritent d'être reconnus et apprivoisés au lieu d'être reniés (c'est ainsi que naissent le racisme et l'homophobie). Tout travail sur soi doit permettre la réconciliation avec les divers fragments de soi. Consoler et prendre la main de son enfant intérieur permet de vivre une vie d'adulte plus légère, plus drôle et plus créative. Reconnaître en soi un aspect dictatorial, souvent introjecté à cause d'un parent ou d'un éducateur, conduit au pardon et naturellement à la transformation compassionnelle. Ce n'est qu'en me pardonnant tout ce que je suis et que je ne suis pas que je mettrai fin à un mécanisme guerrier qui est au fond de moi-même. Si je me combats, je ne peux pas recevoir l'amour des autres car au fond de moi, je ne m'en sens pas digne. Seule l'acceptation aimante de tous mes aspects me permettra de trouver la paix intérieure. Et celle-ci se diffusera aussi à l'extérieur. Faire la paix avec son passé et s'aimer tel que l'on est la voie royale vers un couple solidaire, une famille structurée et aimante, une communauté humaine, sociale ou politique fraternelle, un pays éclairé, un monde de paix.

Aimez votre façon de vivre, soyez « ajusté », ayez le courage d'aller vers ce qui vous remplit de joie et votre quotidien sera drôle et spirituel.

Osons prédire qu'un matin radieux, la bonté et la paix feront force de loi. Osons prédire que les peurs seront remplacées par l'amour et par la joie de vivre.

Réjouissez-vous, on peut toujours changer

Apprendre à aimer reste l'expérience majeure d'une vie.

Paule Salomon

Pour être et incarner ce que nous voulons, nous avons le droit de revenir sur ce que nous avons dit, nous pouvons revendiquer le droit à l'erreur de nos paroles et de nos actes. Ce qui est important, c'est de le faire clairement. Pour cela, il est nécessaire de reconnaître ses erreurs. Cela suppose une bonne dose d'humilité. Mais une fois celles-ci reconnues, assumées, quel soulagement pour soi et pour l'autre !

Changer, cela signifie moins opérer une mutation radicale que de modifier la perspective. Il suffit d'un mouvement d'un quart de tour sur la gauche pour découvrir un nouvel angle de vue, plus intéressant, plus lumineux. Il en va de même pour ce qui nous préoccupe. En changeant notre attitude, nous pouvons non seulement améliorer notre environnement ou les réactions des autres vis-à-vis de nous, mais aussi transformer notre propre vie.

Pensez aux écrivains. À l'instar des peintres, ils ont la capacité de décrire un événement sous de multiples angles. Une scène dans laquelle évoluent trois, quatre, cinq personnages ? En faisant raconter ce qui se passe par chacun d'entre eux, trois, quatre, cinq possibilités s'offrent à l'auteur. Dans *La joyeuse bande d'Atzavara*, l'écrivain catalan Montalban raconte le même fait par chacun des membres d'un groupe d'amis qui partagent quelques jours de congé. Le résultat est hilarant.

De la même manière, vous pouvez raconter la même histoire sous des angles émotionnels différents : l'étonnement, la crainte, l'indifférence, le soulagement. Et vous pouvez faire la même chose avec votre propre histoire en vous décrivant sous l'angle de l'enfant ou du parent ou du professionnel ou de l'ami que vous êtes. Vous avez le choix. Ce changement de perspective peut paraître anodin, mais il ne l'est pas. Car il vous définit, aux yeux des autres et à vos propres yeux : vous pouvez ainsi dire l'impétueux que vous êtes, ou l'amoureux, ou le craintif, ou l'envieux, ou le généreux, etc. Les nuances de votre palette émotionnelle sont infinies. Et vous avez le droit de peindre votre propre histoire avec la couleur que vous voulez. Écoutez-vous quand vous la racontez, choisissez avec soin et précision les mots qui vont vous permettre de la construire : ces mots doivent être en harmonie avec ce que vous ressentez réellement, cela va vous permettre d'être au plus juste de votre description, au plus sincère, loin de toute exagération, de toute dramatisation ou de tout embellissement superflu. Ce qui compte est moins ce que vous avez vécu que ce que vous en faites par la suite : votre vie est une suite d'expériences sur lesquelles vos pensées et vos sentiments impriment de nouvelles couleurs. Apprenez à transformer des récits qui commencent par : *Je ne suis pas assez ceci, je n'ai pas réussi à faire cela...* par : *Je pensais que je n'étais pas assez*

ceci parce que..., mais... ; ou bien : *J'ai longtemps cru que je ne pouvais pas réussir parce que..., mais...* Cela peut paraître improbable au début, mais très vite, le sac à souvenirs s'ouvre et l'on s'aperçoit que sous une histoire qui nous désavantage, il y en a une autre où l'on a brillé. C'est celle-là qui doit être mise en avant. Il ne s'agit pas de se vanter, mais de sortir de l'ombre du sac la partie de soi qui doit être dépoussiérée et mise en lumière.

N'oubliez jamais ce que vous dégagez de votre personne ne se limite pas au premier cercle de personnes que vous croisez. Comme une pierre jetée dans l'eau qui forme des cercles concentriques, votre impact crée des vagues qui s'étendent bien au-delà de vous.

Si vous sortez de chez vous d'excellente humeur, que vous souriez à vos collègues en arrivant au travail, que vous faites un compliment à votre assistante, par cercles concentriques, cette bonne humeur va se propager, déclenchant une série de réactions en chaîne. Cela peut sembler dérisoire, ce « pouvoir » d'améliorer le monde autour de vous simplement avec un sourire ou un compliment. Et pourtant... La théorie du *kaizen* que nous évoquions plus haut ne dit rien d'autre que cela. Petit pas par petit pas, chaque jour, nous pouvons faire le choix d'être un cadeau pour les autres en stimulant leurs émotions positives. Et ne négligez surtout pas la force de la loi de l'attraction : vous attirez ce que vous êtes avec votre subconscient. Si vous êtes en déséquilibre affectif, il y a de fortes probabilités que vous attiriez d'autres déséquilibrés affectifs !

Réjouissez-vous : agissez !

Celui qui déplace la montagne, c'est celui qui commence à enlever les petites pierres.

Confucius

L'être humain, en se responsabilisant sur la gestion de ses émotions, sur les paroles et sur les actes qu'il pose, peut générer un changement sociétal important. Si l'action collective est indispensable pour être efficace, l'esprit de réjouissance individuel est indispensable pour s'engager dans l'action collective.

Résister, refuser de voir s'agrandir le fossé entre les riches et les pauvres, le traitement imposé à certaines « minorités » de la planète, celui infligé à la planète elle-même : tout cela est indispensable. Le député-maire de

Lourdios-Ichère, dans les Pyrénées-Atlantiques, Jean Lassale, a entamé en mars 2006 une grève de la faim au Palais Bourbon pour faire pression sur le Gouvernement afin d'empêcher la délocalisation vers une autre commune d'une usine qui employait 150 salariés. En cinq semaines, il perd 21 kg et est hospitalisé d'urgence. L'intervention du président de la République amène la société Toyal Europ à annuler le projet de déménagement ; le député cesse alors sa grève de la faim. Le 10 avril 2013, ce curieux député entame une marche de 5 000 km pour aller à la rencontre des Français, qui s'achèvera le 14 décembre de la même année : *Je voyais que notre pays s'enfonçait dans l'individualisme et le repli sur soi*, explique-t-il à la presse pour justifier sa démarche. *Après la crise économique, nous étions face à une crise morale, une crise de confiance. Partout où je suis allé, on me disait pratiquement toujours la même chose : le lien de confiance avec les élites, politiques et médiatiques, est brisé. À propos de l'Europe, les gens me disaient : 'Nous avons cru à la construction d'un espace fraternel et vous nous laissez une jungle où tout est permis'.* À partir des *Cahiers de l'espoir*, sorte de cahiers de doléances tirés de cette expérience, il entend faire des propositions pour *transformer cette ambiance dominée par le stress et la peur en période d'enthousiasme.*

Changer peut se faire dans l'inventivité et l'enthousiasme. L'enthousiasme est un outil fabuleux au service de tous les engagements pour plus de justice, pour les avancées sociales et écologiques, politiques et humaines.

Si la colère est un carburant, la joie est un instrument qui peut, le cas échéant, se transformer en glaive.

Envisager une autre façon de se voir soi-même afin de poser un regard différent sur le monde dans lequel nous vivons et considérer positivement et harmonieusement l'avenir de l'humanité, c'est une attitude éminemment politique et… évidemment joyeuse.

Il est urgent de se reconnecter à l'optimisme, à la joie de vivre et d'être avec nos semblables. De récentes découvertes de chercheurs en neurosciences l'attestent : le développement harmonieux de l'humain passe aussi par sa décision d'un mieux-être effectif, état d'esprit indispensable pour servir la cause de la paix et du partage. Il est urgent que chacun se prenne en main dès à présent afin de poser les bases d'une révolution interne propice à la créativité, à la joie de vivre, à la solidarité, à l'action pacifiste et humaniste.

Conclusion

Quand l'incendie ravage la forêt et qu'un colibri ramène de la rivière de petites gouttes d'eau pour les jeter sur le feu, il fait sa part, tout simplement. Le courage, la conviction et la détermination peuvent faire basculer nos habitudes. En modifiant nos comportements, nous pouvons éteindre l'incendie… Laissons nos ombres dans le passé des ténèbres et faisons face au soleil, le sourire de la joie aux lèvres. Votre cœur s'éteint lorsque vous lui dites non. Si vous allez dans le sens de ses besoins légitimes, chacun de vos mots et de vos gestes deviendront sacrés. Ancrez-vous fermement sur la terre souveraine et laissez chanter le vent dans vos cheveux, allez d'un pas léger et engagé : tout est déjà là.

En disant oui à la joie, nous redevenons vibrants, aimants, généreux et reliés. La joie est une clé fabuleuse qui ouvre toutes les portes de notre nature profonde. Elle nous aide à relever les défis et à avancer. Et quand j'aime la vie, elle m'aime en retour… Il est vain de dire : « Je serai heureux quand… » Car la musique se joue maintenant. Choisissez de danser sur la musique de la vie et faites-le… le plus simplement du monde. Il n'est pas nécessaire de posséder un talent spécifique, seulement de se mettre en mouvement, la musique vous guidera. La paix se diffuse dans la conscience de l'instant. Votre présence à ce qui est fait tout.

Enfin, n'oubliez pas les petites clés qui ouvrent la grande porte de la joie : ce n'est pas l'argent qui fait le bonheur ; partager est plus enrichissant qu'amasser ; l'amour, l'amitié, la famille et les relations sociales sont le socle d'une vie épanouie ; une activité professionnelle gratifiante est une activité professionnelle où l'on se sent à sa place ; le bonheur se construit lentement, petit pas par petit pas ; lâchez ce qui vous est imposé, écoutez votre intuition, brûlez au rythme de votre flamme intérieure, soyez à l'écoute, pacifiez vos propos. Et quoi que vous fassiez, tirez-en toujours du plaisir ! Réjouissez-vous… maintenant !

Bibliographie

AKKOUCHE Mouloud, *Cayenne, mon tombeau*, Flammarion, Paris, 2002.

AKOUN Audrey et PAILLEAU Isabelle, *Apprendre autrement avec la pédagogie positive*, Éditions Eyrolles, Paris, 2013.

ALAIN, *Propos sur le bonheur*, coll. « Folio », Gallimard, Paris, 1985.

ALAIN, *Les passions et la sagesse d'Alain*, Gallimard, Paris, 1960.

ANDRÉ Christophe, *Imparfaits, libres et heureux. Pratiques de l'estime de soi*, Éditions Odile Jacob, Paris, 2006.

ANDRÉ Christophe, *Les états d'âme, un apprentissage de la sérénité*, Éditions Odile Jacob, Paris, 2009.

ANDRÉ Christophe, LELORD François, *L'estime de soi, s'aimer pour mieux vivre avec les autres*, Odile Jacob, Paris, 2008.

BERGER Karima, *Éclats d'Islam*, Albin Michel, Paris, 2009.

BERGSON Henri, *L'énergie spirituelle*, PUF, Paris, 2005.

BLOCH-DANO Évelyne, *Madame Zola*, Le Livre de Poche, Paris, 2001.

BORMANS Léo, *Happiness, le grand livre du bonheur*, Éditions de L'Homme, Montréal, 2011.

BORMANS Léo, *Love, le grand livre de l'amour*, Éditions de l'Homme, Montréal, 2013.

BRUGÈRE Fabienne, *L'éthique du care*, coll. « Que sais-je », PUF, Paris, 2011.

CASTA-ROSAS Fabienne, *Histoire de la sexualité en Occident*, Éditions de la Martinière, Paris, 2004.

CHRÉTIEN Jean-Louis, *La joie spacieuse. Essai sur la dilatation*, coll. « Paradoxe », Éditions de Minuit, Paris, 2007.

CLAVIER Paul, *Ex Nihilo*, Hermann Éditeurs, Boulogne-Billancourt, 2011.

COHEN Daniel, *Homo Economicus*, Albin Michel, Paris, 2012.

COMPAGNON Antoine, *Un été avec Montaigne*, Éditions des Équateurs, Sainte-Marguerite-sur-Mer, 2013.

COSSERON Corinne, *Maigrir en riant*, Guy Trédaniel, Paris, 2012.

COSSERON Corinne, COSSERON Frédéric, *Cahier d'exercices pour rire davantage*, ESF éditeur, Issy-les-Moulineaux, 2010.

COSSERON Corinne, *Remettre du rire dans sa vie, la rigologie mode d'emploi*, Robert Laffont, Paris, 2009.

CSIKSZENTMIHALYI Mihaly, *Mieux vivre en maîtrisant votre énergie vitale*, Pocket, Paris, 2006.

CUVILLIEZ Joëlle, *Fou rire*, Les Éditions In8, Serres-Morlaàs, 2007.

CUVILLIEZ Joëlle, *La colère de la montagne au petit matin*, Éditions Rhubarbe, Auxerre, 2009.

CUVILLIEZ Joëlle, *Les vapeurs d'Antoinette Déralète*, Éditions Rhubarbe, Auxerre, 2012.

DALAI Lama, *L'art du bonheur, sagesse et sérénité au quotidien* - entretiens avec Howard Cutler Essai, J'ai Lu, Paris, 2000.

DELERM Philippe, *La première gorgée de bière et autres plaisirs minuscules*, Gallimard, Paris, 1997.

DESCARTES René, *Des passions de l'âme*, Garnier Flammarion, Paris, 1998.

DHARMARAJ CARRIVICK Anthony, *Bliss beyond fear*, Osho Humaniversity Press, Egmond aan Zee (Pays-Bas), 2001.

DORN Françoise, LEITE Sandra, *Petite philosophie du bien-être*, First, Paris, 2013.

DUREL Alain, *La Quête, récit d'un aventurier de l'absolu*, Presses de la Renaissance, Paris, 2006.

DUREL Alain, *Petits conseils célestes sur le bonheur*, François Bourin éditeur, Paris, 2012.

FILLIOZAT Isabelle, *L'intelligence du cœur*, Éditions JC Lattès, Paris, 1997.

GIONO Jean, *Que ma joie demeure*, Grasset, Paris, 1935.

GIONO Jean, *La chasse au bonheur*, Gallimard, Paris, 1990.

GIULIANI Bruno, *L'amour de la sagesse*, Éditions du Relié, Paris, 2000.

GOENKA Satya Narayan, *Trois enseignements sur la méditation Vipassana*, coll. « Points Sagesse », Points, Paris, 2009.

HERITIER Françoise, *Le sel de la vie*, Odile Jacob, Paris, 2012.

HERVÉ Françoise et Claude, *Le tour du monde à vélo*, Le Cherche Midi éditeur, Paris, 1995.

JAFFELIN Emmanuel, *Petit Éloge de la gentillesse*, François Bourin éditeur, Paris, 2011.

JOLLIEN Alexandre, *La philosophie de la joie*, Textuel, Paris, 2008.

KATARIA Madan, *Inner spirit of laughter- 5 secrets from the laughing guru*, School of Laugher Yoga, Bangalore, (Inde), 2013.

LACROIX Michel, *Paroles toxiques, paroles bienfaisantes, pour une éthique du langage*, Le Livre de Poche, Paris, 2012.

LAMBIN Éric, *Une écologie du bonheur*, Édition Le Pommier, Paris, 2009.

LEFEBVRE Jean-Pierre, *Anthologie bilingue de la poésie allemande*, coll. « La Pléiade » Gallimard,. Paris, 1993.

LYUBOMIRSKY Sonja, *Comment être heureux et le rester*, Flammarion, Paris, 2008.

MASARU Emoto, *Les messages cachés de l'eau*, éditions Guy Trédaniel, Paris, 2004.

MAURER Robert, *Un petit pas peut changer votre vie*, Le Livre de Poche, 2007.

MEDJBER-LEIGNEL Martine et CUVILLIEZ Joëlle, *Le rire pour les Nuls*, First, Paris, 2013.

MISRAHI Robert, *L'enthousiasme et la joie au temps de l'exaspération*, Éditions Dervy, Paris, 2000.

MISRAHI Robert, *Les actes de la joie*, coll. « Encre marine », Éditions Les Belles Lettres, Paris, 2010.

MONTAIGNE, *Les essais*, Pocket, Paris, 2009.

MONTALBAN, *La joyeuse bande d'Atzavara*, coll. « Points », Le Seuil, Paris, 1996.

MORIN Edgar, *La voie : pour l'avenir de l'humanité*, coll. « Pluriel », Fayard, Paris, 2012.

MUNRO Alice, *Les lunes de Jupiter*, Éditions de l'Olivier, Paris, 1989.

MUNRO Alice, *Trop de bonheur*, Éditions de l'Olivier, Paris, 2009.

OSHO, *Joie*, Almasta Éditions, Suisse, 2009.

OSHO, *Sous la couette : sexualité, voie de l'extase*, Éditions Jouvence, Saint-Julien-en-Genevois, 2011.

OSHO, *Méditation*, Éditions VEGA, Paris, 2013.

PHILONENKO Alexis, *Nietzsche, le rire et le tragique*, Le Livre de Poche, Paris, 1995.

PHILONENKO Alexis, *Mohammed Ali, un destin américain*, Bartillat, Paris, 2007.

PORTILLO Chantal, *À mains nues*, Éditions Hors Commerce, Montmorillon, 1995.

PORTILLO Chantal, *La femme pluie*, Éditions Bérénice, Paris, 2000.

PORTILLO Chantal, *La croqueuse*, Arcadia éditions, Paris, 2007.

PROVINE Robert, *Le rire, sa vie, son œuvre*, Robert Laffont, Paris, 2003.

RABHI Pierre, *La part du colibri : L'espèce humaine face à son devenir*, Éditions de l'Aube, La Tour d'Aigues, 2011.

RABHI Pierre, *Vers la sobriété heureuse*, Actes Sud, Arles, 2013.

RÉMOND Christophe, *Une année avec Gandhi, une pensée par jour pour mieux vivre*, Presses de la Renaissance, Paris, 2008.

RICARD Matthieu, *Plaidoyer pour l'altruisme : la force de la bienveillance*, Éditions Nil, Paris, 2013.

RIFKIN Jérémy, *Une nouvelle conscience pour un monde en crise : vers une civilisation de l'empathie*, Les Liens qui libèrent, Paris, 2011.

ROMMELUERE Éric, *Le bouddhisme n'existe pas*, Le Seuil, Paris, 2011.

ROSANVALLON Pierre, *La société des égaux*, Le Seuil, Paris, 2011.

RUIZ Miguel, *Les quatre accords toltèques, la voie de la liberté personnelle*, Jouvence, Saint-Julien-en-Genevois, 2005.

SAINT-EXUPÉRY Antoine, *Le petit prince*, Gallimard, Paris, 2013.

SAPIENZA Goliarda, *L'art de la joie*, Pocket, Paris, 2008.

SELIGMAN Martin, *Vivre la psychologie positive : comment être heureux au quotidien*, Pocket, Paris, 2013.

SPINOZA Baruch, *Éthique*, Le Livre de Poche, Paris, 2011.

TAGORE Rabindranath, *Poèmes de Kabir*, traduit de l'anglais par H. Mirabaud-Thorens, Gallimard, Paris, 1922,

TAGORE Rabindranath, *Le Jardinier d'amour - La Jeune lune*, Gallimard, Paris, 1980.

BEN-SHAHAR Tal, *L'apprentissage du bonheur, principes, préceptes et rituels pour être heureux*, Belfond, Paris, 2008.

BEN-SHAHAR Tal, *Apprendre à être heureux*, Belfond, Paris, 2010.

THICH NHAT HANH, *La colère, transformer son énergie en sagesse*, Pocket, Paris, 2004.

THICH NHAT HANH, *Toucher la vie*, J'ai Lu, Paris, 2010.

VERDIANI Antonella, *Ces écoles qui rendent nos enfants heureux*, coll. « Domaine du possible », Actes Sud, Arles, 2012.

VAN STAPPE Anne, *Petit cahier d'exercices pour cultiver sa joie de vivre au quotidien*, Jouvence, Saint-Julien-en-Genevois, 2013.

WINNICOTT D. W, *Jeu et réalité*, Folio, Paris, 2002.
YOUSAFZAI Malala, *Moi, Malala, je lutte pour l'éducation et je résiste aux talibans*, Calman-Lévy, Paris, 2013.
ZOLA Émile, *La joie de vivre*, Le Livre de Poche, Paris, 2005.

Presse

Psychologies magazine, dossier « Cultivez la joie de vivre », 2012.
Le Nouvel Observateur, dossier « Bonheur », décembre 2008/janvier 2009.
Sciences et avenir, dossier « Ce que la science nous dit du bonheur », 2010.
Figaro Magazine, dossier « Les nouvelles clefs du bonheur », 2013.

Films coups de cœur

Tout Chaplin
Muriel, P. J. Hogan, 1994.
Les émotifs anonymes, Jean-Pierre Améris, 2010.
Philomena, de Stefan Frears, 2013.
Le bal, d'Ettore Scola, 1983.
Une femme sous influence, de John Cassavettes, 1974.
La part des anges, de Ken Loach, 2012.
The Big Lebowski, de Joël et Ethan Coen, 1998.
Be happy, de Mike Leigh, 2008.
Les Dieux sont tombés sur la tête, de Jamie Uys, 1981.
Le nom de la rose, de Jean-Jacques Annaud, 1986.
La Cité de la joie, de Roland Joffé, 1992.
La vie est belle, de Franck Capra, 1946.
Mary Poppins, de Robert Stevenson, 1964.
Les demoiselles de Rochefort, de Jacques Demy, 1967.
Le fabuleux destin d'Amélie Poulain, de Jean Pierre Jeunet, 2001.
Mamma mia ! de Phyllida Lloyd, 2008.
Intouchables, d'Éric Toledano et Olivier Nakache, 2011.

Sites

http://www.educationalajoie.com
Un espace pour réfléchir, rechercher, partager et agir pour éduquer à la joie.

www.ecolederire.org
Une école pour rire et se former comme animateur de club de rire, comme rigologue (qui intervient dans les entreprises, les hôpitaux et tous autres lieux de vie avec le rire) ou comme coach psychopositif : méthode mise au point par Corinne Cosseron et Martine Medjber-Leignel.

http://www.hommes-et-faits.com/atelier/fs_transe.htm
La rencontre entre la tradition africaine et la psychiatrie occidentale.

Le journal des bonnes nouvelles sur : http://le-jbn.com/
Enfin, un journal de bonnes nouvelles, « apportées d'un pays éloigné, comme de l'eau fraîche à une personne altérée et lasse » !

www.viame.org
Site en Anglais qui vous dira tout sur les forces de caractères de la psychologie positive.

http://www.humaniversity.nl/ AUM méditation
Site en anglais de l'université internationale pour la croissance, le développement et l'accomplissement de l'être humain .

www.yogadurire94.blogspot.com
Le blog de Martine Medjber-Leignel, informations sur le club de rire de Vincennes, la formation au coaching psychopositif, les interventions en entreprises, la AUM méditation.

fabriquespinoza.fr
La Fabrique Spinoza, est le think-tank du bonheur citoyen. C'est un think-tank économique et politique multi-partisan dont la mission est de redonner au bonheur sa place au cœur de notre société.

Happy summer camp (corinne.gaudio@free.fr)
Corinne Gaudio a créé ce concept de vacances rigologique : bien-être, tai chi et rires.

http://dynamique-emotionnelle.com/
Fondée dans les années 70 par le Dr Etienne Jalenques, psychiatre français, dans le mouvement de la Psychologie Humaniste, la Dynamique Emotionnelle Exprimée est une méthode psychothérapeutique qui utilise les émotions comme moyen privilégié d'expression et de guérison.

INDEX